ゼロから話せる
ドイツ語

新装版

大友展也

会話
中心

三修社

音声ダウンロード・ストリーミング

①PC・スマートフォンで本書の音声ページにアクセスします。
https://www.sanshusha.co.jp/np/onsei/isbn/9784384060904/
②シリアルコード「06090」を入力。
③音声ダウンロード・ストリーミングをご利用いただけます。

Dialogは２つのスピード（ノーマル，ゆっくり）で収録してあります。
ゆっくりではセリフの後にポーズを設けてあるので，実際に口に出して発話するなどして活用して下さい。

まえがき

本書を手に取られ，様々な動機からドイツ語を始めてみようと思われている皆さんは，英語の親しみやすさに比べドイツ語は堅苦しいに違いない，という漠然としたイメージを抱いているのではないでしょうか．それは，常日頃ハリウッドの映画に親しみ，日常的に英語外来語に接しているからに過ぎないのであって，実際は，ドイツ語はとても分かりやすい言葉なのです．なぜなら，ドイツ語の文法規則には数学の公式のような整然としたところがあるし，発音もほとんどローマ字読みができるからなのです．本書は，外国語に全く接したことがない人が独習できるように編纂されました．

― どうしたら語学が上達するでしょうか？ ―

語学上達の基本は，まず会話のパターンを覚え，そのパターンを現実のいろいろな場面で実際に使ってみることだと思います．ただ，その言葉が使われている国にそう簡単に行けるわけでもありませんし，身の周りに都合よくネイティブスピーカーがいてくれるものでもありません．

それではどうすればよいのでしょうか？　私が思うところでは，自分の頭の中でいろいろな場面を想定して，登場人物を変えてみたり，あれこれイメージしてみることです．どんな言葉も結局は，縦の線（単語選択）と横の線（単語の並べ方）の交わりによって出来上がっていますので，組み合わせがすべてなのです．その組み合わせには若干の規則（文法）がありますが，それにあまり捕われすぎずに，想像力をたくましくして自由に頭の中で組み合わせて下さい．すると，言葉に広がりが出て，生き生きしたものとなります．

最後になりましたが，滞独中も本書の執筆にあたっても，モニカ・クレさんには大変お世話になりました．この場をお借りして，感謝申し上げます．

新装版にあたって

今回の新装版を出版するに際しては，今の社会規範に照らして内容やセリフが適正かどうか精査し，また生活環境の変化に即しているかどうか，全体をチェックしました．ネットによるホテル予約が当たり前になり，2022 年にはプラスチック製のレジ袋が禁止されました．社会は確実に変化しています．本書は私のドイツ語教師としての歩みとともに大切に培ってきた語学書です．その間，多くの人々に読んでいただけたことを心から感謝するとともに，本書が今後ともドイツ語普及の一助になれば幸いです．

著者

もくじ

■ Ⅲ 文法編 ······ 97

■ヴィジュアル ドイツ語

■品詞別 INDEX ······ 143

本書の使い方

本書は，「覚えるフレーズ」「ダイアローグで学んでみよう」「文法編」「ヴィジュアル ドイツ語」の4つの部分からできています．

「覚えるフレーズ」では，‘挨拶’や‘謝罪’の言葉，‘呼びかける時の言い方’など，日常よく使う表現が20フレーズにまとめられています．カタカナによる発音でも即使える程度の，しかも大いに役立つ表現です．

「ダイアローグで学んでみよう」では，日常生活でよくありそうな場面を想定しています．一つのダイアローグは，「ダイアローグとその訳」「ダイアローグの解説」「いろいろな表現」「この課のポイント」の4つのパートからできています．「いろいろな表現」では，そのダイアローグのポイントとなる表現のバリエーションを勉強します．「この課のポイント」はダイアローグのまとめです．ダイアローグのポイント表現とバリエーションの表現によってそれぞれの場面での対処の仕方をマスターして下さい．

1	場所を聞く	10	手を貸す/借りる
2	時間があるか聞く	11	聞き返す
3/5	誘う	12/16/17	買い物をする
4	乾杯する	13/14	駅の窓口で
6/20	挨拶する	15	誤りを指摘する
7	出身地を聞く	18/19	ホテルで
8/9	（レストランで）注文/支払いの仕方		

「文法編」では，ダイアローグとの関連事項が中心にまとめられていますので，ダイアローグの文法面を補うことができます．ダイアローグで分からない箇所が出てきたら開いて下さい．

「ヴィジュアル ドイツ語」では，日常よく目にする場面やものをイラストで表し，ドイツ語の基本的な単語を散りばめています．視覚面からの理解に役立てて下さい．

それでは，ダイアローグでも文法でも，自分の興味のある箇所からページをめくって早速始めてみましょう．

I
覚えるフレーズ

Track 1

こんにちは！

Guten《グーテン》 Tag《ターク》!

基本的な挨拶の表現です．**Tag** は「日 / 昼間」という意味で，主に日中に使います．この一般的な使い方以外にも，窓口や商店など，使われる場面によっては「ごめん下さい！」や「いらっしゃいませ！」という意味になります．仲間内では，ただ **Tag!**［ターク］と言うだけですませることもあります．またまれにですが，日中別れる時に使うと「さようなら」という意味にもなります．

これ以外の類似表現としては，ドイツの南部やオーストリアで **Grüß Gott!**［グリュース ゴット］という言い方がよく使われています．

Track 2

おはよう！

Guten《グーテン》 Morgen《モルゲン》!

朝の挨拶の表現です．Morgen［モルゲン］は「朝」を意味する名詞で，日の出から午前 11 時頃までを表します．

Track 3

こんばんは！

Guten《グーテン》 Abend《アーベント》!

Abend［アーベント］は，だいたい日が暮れてから午前 0 時頃までの時間帯を表します．「夕方 / 晩」に当たりますが，日本語の概念よりは《より遅い時間帯》も含んでいる点にズレがあります．人に会った時や別れる時に使います．

Track 4

おやすみなさい！

Gute《グーテ》 Nacht《ナハト》!

厳密には，**Nacht**［ナハト］「夜」は午前 0 時頃（**Abend** の終わり）から日の出までの時間帯を表しますが，ただ漠然と，《完全に暗くなれば **Nacht** である》と言うこともできます．床につく前や暗くなって人と別れる時に使います．

Track 5

おーい，ちょっと！／（電話で）もしもし！

Hallo!《ハロー / ハロ》

Hallo!［ハロー / ハロ］には，３通りの使い方があります．

1）「ちょっと，そこの若い人！」などと，人に呼びかける時．

2）電話したり，電話を受けたりする時．

3）「よお！元気かい？」などと，砕けた挨拶をする時や，旧知にばったり出会って「おや，まあ！」と驚きと嬉しさの気持ちを表現する時．

3）では［ハロー］と発音することが多いです．

Track 6

さようなら！

Auf《アオフ》 Wiedersehen《ヴィーダーゼーエン》!

Wiedersehen［ヴィーダー　ゼーエン］は「再会」を意味する名詞で，別れる時の基本的な言い方です．ある程度打ち解けた間柄では，**Tschüs!**［チュ(ー)ス］「じゃあ，またね！」と言います．他に，**Bis bald!**［ビス　バルト］「じゃあ，後でまた！」という口語表現もあります．

Track 7

はい / いいえ

Ja.《ヤ(ー)》 / Nein.《ナイン》

質問に対して **Ja!**［ヤ(ー)］「イエス」, **Nein!**［ナイン］「ノー」と答える時に使います．ただし否定疑問文に対して答える場合のみ **nein**［ナイン］を肯定の意味に使い，否定には **doch**［ドホ］を使います．下の例文を参照して下さい．

一緒に行かないんですか？ —— いいえ，(行きます)！… **Doch!**
(否定疑問文)　　　　　　　　はい，(行きません)！… **Nein!**

Track 8

1，2，3！

Eins,《アインス》 zwei,《ツヴァイ》 drei!《ドライ》

数字(基数)の読み方です．何かを買う時や注文する時に必要です．4以降10までの読み方は次のようになります．

4 ⇨ **vier**［フィーア］;　5 ⇨ **fünf**［フュンフ］;
6 ⇨ **sechs**［ゼクス］;　7 ⇨ **sieben**［ズィーベン］;
8 ⇨ **acht**［アハト］;　9 ⇨ **neun**［ノイン］;
10 ⇨ **zehn**［ツェーン］

Track 9

どうぞ！ / お願いします！

Bitte!《ビッテ》

Bitte! は英語の ***please*** に当たります.「どうぞお入り下さい！」「どうぞお先に！」「コーヒーを２杯お願いします！」などと言う時に添えられます. また, 人から足を踏まれて「すみません！」と謝られた時なども **Bitte!**「いえ, なんでもありません！」で対応できます. その他にも色々な使い方のできる大変便利な言葉です(⇨会話１, ８, ９, 11など).

Track 10

ありがとう！ — どういたしまして.

Danke!《ダンケ》 — Nichts《ニヒツ》 zu《ツー》 danken《ダンケン》.

お礼の基本的な表現です(⇨会話１). 何かの申し出を丁寧に断る時は **Nein, danke!**〔ナイン ダンケ〕「いえ, 結構です」と言います.
Nichts zu danken. の他にも **Bitte schön!**〔ビッテ シェーン〕がよく使われます(⇨会話１).

Track 11

すみません！

Verzeihung!《フェアツァイウング》

すれ違いざまに人にぶつかったり，自分の方に何か《誤り》がある場合に使います．

Entschuldigung! ［エントシュルディグング］とも言います．

また語尾を上げて **Verzeihung?**（↗）と発音すると，「すみません，なんとおっしゃいましたか？」という意味になります．**Wie bitte?** ［ヴィー ビッテ］（⇨会話 11）も同じ意味で使います．

Track 12

すみません！

Entschuldigung!《エントシュルディグング》

人に話しかける時の「すみません！」に当たります．「すみません！駅はどこですか？」などと尋ねる時に使います．これよりも丁寧な言い方は，**Entschuldigen Sie bitte!** ［エントシュルディゲン ズィー ビッテ］（⇨会話 1）と言います．

Track 13

どうぞ召し上がれ！ — ありがとう，あなたもね！

Guten《グーテン》 Appetit《アペティート》! – Danke《ダンケ》, gleichfalls《グライヒファルス》!

Appetit は「食欲」を意味する名詞です.「いただきます」に当たる丁寧な決まり文句です．食事を共にする人に対して言います．言われた人は，**gleichfalls**（副詞）「（あなたも）同様に」と応じますが，**Guten Appetit!** と繰り返すこともできます．他に **Mahlzeit!**［マールツァイト］という口語調の言い回しもあります.

Track 14

かまいません（ご心配なく）！

Das《ダス》 macht《マハト》 nichts《ニヒツ》!

例えばレストランなどで，ウエーターがうっかりお客のズボンに飲み物をこぼしてしまったとします．そのような場面で，相手の謝罪に対して「大丈夫です．たいしたことはありません.」と相手の気持ちを軽くするために言います.

Das を略して **Macht nichts!** と言うこともできます．同意表現に **Nicht schlimm!**［ニヒト シュリム］があります.

Track 15

袋を1枚お願いします！

Eine《アイネ》 Tüte《テューテ》 bitte《ビッテ》!

ドイツのスーパーでは，プラスチック製のレジ袋の販売が 2022 年から禁止されました（それ以前は有料販売）．デパートや専門店でも，店員から **Geht es so?** ［ゲート エス ゾー］「このままでもよろしいですか？」と聞かれることがあります．使い捨てのゴミは出さない，無駄な包装はしない，という資源節約の精神が至る所に行き届いています．

Track 16

～さん

Herr《ヘル》 … / Frau《フラオ》 …

Herr は男性に対する呼びかけ，**Frau** は女性に対する呼びかけです．**Frau** は本来は既婚女性用ですが，現在では未婚女性にも用います．**Herr** も **Frau** も名詞でそれぞれ「男性」「女性」という意味があります．

Track 17

それはご親切にどうも！

Das《ダス》 ist《イスト》 sehr《ゼーア》 nett《ネット》 von《フォン》 Ihnen《イーネン》!

列車などで座席の上の棚に重い荷物をのせてもらったり，あるいは何か融通をきかせてもらったりして，特に親切な行為を受けた時に使います．**nett** は「親切な」を意味する形容詞です．「あなたは」に当たる **von Ihnen** を省略してもかまいません．

Track 18

（タクシーの運転手に）～ホテルへお願いします！

Zum《ツム》 Hotel《ホテル》 ..., bitte《ビッテ》!

空港や駅へ着いたら，予約済みのホテルへ向かいましょう．タクシー乗り場（**Taxistand**［タクスィシュタント］）へ行き，運転手に行き先を告げます．上のフレーズは…の部分にホテル名を入れて使います．

Zum《ツム》 Hotel《ホテル》 Schloss《シュロス》, bitte《ビッテ》!

シュロスホテルまでお願いします！

Track 19

残念ですが，～

Es《エス》 tut《トゥート》 mir《ミーア》 leid《ライト》, aber《アーバー》 …

「あいにく，今晩は時間がありません」「残念ですが，お引き受けしかねます」などの文のように，勧誘やら頼み事を遠回しに断る時に使います．**es** を省略することもできます．**aber** は，接続詞で「しかし」（英語：***but***）という意味です．

Track 20

どうぞお元気で！

Alles《アレス》 Gute《グーテ》!

別れ際に「あなたの将来にご多幸をお祈りします」という意味で，いくらか改まった気持ちでしばらく会えない人などに使います．

その他には，**Alles Gute zum Geburtstag!** ［アレス グーテ ツム ゲブーアツターク］「お誕生日おめでとう！」という使い方もできます．

Geburtstag は「誕生日」を意味する名詞です．

ドイツ語とは？

現在ドイツ語は，ドイツ国内のみならずオーストリアやスイス，リヒテンシュタイン，そしてイタリアやベルギーの一部の地域などで話されています．有名な観光地シュトラスブルク（仏名ストラスブール）のあるエルザス（仏名アルザス）地方や旧東欧圏にもドイツ語を話す人々がいます．全部合わせると優に1億人を越えています．

またドイツ語は，様々な方言を持ち，とても地方色豊かなコトバです．例えば本書の校閲をお願いしたモニカさんの名前［モニカ］一つ取ってみても，いわゆる標準語の発音では［モーニカ］となるのに，ご本人に言わせると誰もそのようには呼ばない，とのことです．これが彼女の出身地である南ドイツ地方の方言によるものかどうかは分かりませんが，いずれにしても，コトバというものはそれぞれの地域に住む人々に活用されてこそ本来の姿を見せるものなのです．方言や地方性，個人的使い方などは，むしろコトバが生きている証拠です．従って，発音などのあまり細かい点にこだわらない方が生きたコトバを習得する王道であるように思われます．とりあえずは本書で採用したカタカナ発音でも十分でしょう．

ドイツ語の文字と発音

ドイツ語のアルファベットは英語とほぼ同じですが，あらたに合成文字の**ß**や¨の付いた文字が3つ加わります．それはウムラオト（変母音）という母音で，大文字は **Ä**，**Ö**，**Ü**，小文字はそれぞれ **ä**，**ö**，**ü** と書きます．発音は，口を細く横に引き伸ばしてエと言うのが **Ä**，逆に口を丸めたままエと言うのが **Ö**，同様に口を丸めてイと言うのが **Ü** になります．鏡を見て舌の位置を確認し，自分なりの工夫をしながら発音してみて下さい．

もちろん，このような音にこだわり過ぎるのもよくありません．たとえこのような発音ができなくとも，自分の意思が的確に伝わるのならコミュニケーション上はあまり差し支えないでしょう．ドイツ語にある程度慣れ親しむまでは割り切って「エ」「エ」「ユ」とカタカナ発音するのも1つの方策です．

ドイツ語の発音で何よりも大切なことは，１語１語，単語を語末まではっきりと丁寧に発音することです．早く，いわゆる‘流暢に’話すことではないのです．ドイツ語の性質から言ってゆっくりとした話し方でも丁寧な発音は，とても快く聞こえるものです．では，「流暢に話す」とはどういうことを言っているのでしょう？　「流暢に話す」と言われているような人でも，実際よく聞いてみると，話し方がせっかちで早いだけで１語１語の発音は不明瞭でごまかしが多いに過ぎない，というようなこともあります．ドイツ語に関して「流暢に話すことができる人」というのは，「マイペースで１語１語明瞭に発音する人」と言えるのではないでしょうか．

この１語１語をはっきりと発音するということには，２，３のコツがあります．それさえ押さえておけば十分です．

１： 母音の **o**［オ］，**u**［ウ］の発音は常に口を丸めます．特に日本語の［ウ］は口を丸めないで発音しますので（鏡を見てアイウエオと言ってみて下さい！），日本語からドイツ語への影響（言語干渉）が現れやすい箇所です．意識して丸めるようにしましょう．

２：［**p**］，［**t**］，［**k**］の音は，強く［プッ］，［トゥッ］，［クッ］と空気の音も一緒に出します．ドイツ語の発音がどことなく堅く明瞭に聞こえるのはこの為です．

ドイツ語ではイントネーションはあまり気にしなくても済みます．上に挙げた２つのポイントを頭の片隅に入れながらゆっくりとマイペースに，しかし明瞭に発音するよう心掛けて下さい．

ドイツ語を話す国々

Ostsee
オストゼー
バルト海
DÄNEMARK
デーネマルク
デンマーク
Nordsee
ノルトゼー
北海
NIEDER-
LANDE
ニーダーランデ
オランダ
POLEN
ポーレン
ポーランド
Kiel
Lübeck
Rostock
Hamburg
Schwerin
Bremen
Weser
Elbe
Oder
メルヘン街道
Hannover
Potsdam
Berlin
Frankfurt/O
Hameln
Magdeburg
Rhein
DEUTSCHLAND
ドイチュラント
ドイツ
ゲーテ街道
Neiße
Düsseldorf
Kassel
Leipzig
Meißen
Köln
Bonn
Weimar
Dresden
Marburg
Erfurt
LUXEMBURG
ルクセンブルク
ルクセンブルク
Koblenz
Frankfurt/M
Wiesbaden
Hanau
Main
Prag
Mainz
Trier
Mosel
Würzburg
TSCHECHISCHE
REPUBLIK
チェヒッシェ レプブリーク
チェコ
Mannheim
Rothenburg
Heidelberg
Nürnberg
Saarbrücken
古城街道
Regensburg
Baden-Baden
Stuttgart
FRANK-
REICH
フランクライヒ
フランス
Tübingen
ロマンチック街道
Augsburg
Linz
Wien
Donau
Freiburg
München
Salzburg
Bodensee
Basel
Konstanz
Füssen
Zugspitze
2962
ÖSTERREICH
エースタライヒ
オーストリア
Zürich
Innsbruck
SCHWEIZ
シュヴァイツ
スイス
Bern
Jungfrau 4158
ITALIEN
イターリエン
イタリア
LIECHTENSTEIN
リヒテンシュタイン
リヒテンシュタイン

Ⅱ

ダイアローグで学んでみよう

Dialog 1

すみませんが，…はどこですか？

Entschuldigen Sie bitte, wo ist …?

Track 21

Kenji **Entschuldigen《エントシュルディゲン》 Sie《ズィー》 bitte,《ビッテ》 wo《ヴォー》 ist《イスト》 die《ディ》 Post?《ポスト》**

Frau **Die《ディ》 Post《ポスト》 ist《イスト》 da《ダー》 drüben.《ドリューベン》**

Kenji **Danke《ダンケ》 schön!《シェーン》**

Frau **Bitte《ビッテ》 schön!《シェーン》**

往来で

賢治　すみませんが，郵便局はどこですか？

女性　郵便局は向こう側にあります．

賢治　どうもありがとう！

女性　どういたしまして！

Entschuldigen《エントシュルディゲン》 Sie《ズィー》 bitte《ビッテ》, ...?　すみませんが，…

人にものを尋ねる時は，必ず「すみませんが，…」と一言添えましょう．英語の *Excuse me, please!* に当たります．緊張しそうなら，最初に Entschuldigen Sie! または Entschuldigung!〔エントシュルディグング〕と一呼吸おいてから尋ねましょう．ちょっと人を呼び止めたいだけなら Hallo!〔ハロー！／ハロ！〕と言います．「ちょっと！財布を落としましたよ．」などと言う場合です．wo〔ヴォー〕は「どこに」を意味します．

Die《ディ》 Post《ポスト》 ist《イスト》 ...　郵便局は…にあります．

英語の *the*（その）に当たるものは，ドイツ語では名詞の 3 つのタイプに従って，der，die，das〔デア，ディ，ダス〕の 3 通りに分かれます（⇨文法）．Post には die が付きます．ist は「～です」/「～があります」を表します．

da《ダー》 drüben《ドリューベン》　向こう側に

da も drüben も副詞で，2 つつなげて「向こう側，あちら側」を意味します．

Danke《ダンケ》 schön《シェーン》!　どうもありがとう！

同類の表現として Vielen Dank!〔フィーレン　ダンク〕という言い方もあります．「ありがとう！」だけなら Danke! で十分．

Bitte《ビッテ》 schön《シェーン》!　どういたしまして！

schön の代わりに sehr を使って Bitte sehr!〔ビッテ　ゼーア〕でも OK!

いろいろな表現

本文は場所を尋ねる表現ですが，（その場所への）行き方を尋ねるには次のようなものがあります．

Track 22

Wie komme ich zu …?

A : Wie《ヴィー》 komme《コンメ》 ich《イヒ》 zur《ツア》 Post《ポスト》? 郵便局へはどうやって行くのですか?

B : Die《ディ》 Post《ポスト》 ist《イスト》 da《ダー》 drüben《ドリューベン》. 郵便局は向こう側にあります.

komme「来る」という動詞は「行く」という意味でも使われます．この文脈の中で前置詞の zu は，「駅」や「博物館」といった名詞と結び付く場合は zum [ツム] という形になります．名詞のタイプによって[ツア]か[ツム]のどちらかになります（⇒文法）.

zu ＋「郵便局」 ⇨ zur《ツア》 Post《ポスト》

zu ＋「駅」 ⇨ zum《ツム》 Bahnhof《バーンホーフ》

zu ＋「博物館」 ⇨ zum《ツム》 Museum《ムゼーウム》

Noch einmal bitte!

A : Die《ディ》 Post《ポスト》 ist《イスト》 da《ダー》 drüben《ドリューベン》. 郵便局は向こう側にあります.

B : Noch《ノホ》 einmal《アインマール》 bitte《ビッテ》! もう1度お願いします！

何か尋ねても聞き取れないことがよくあります．その時に「もう１度お願いします！」と 聞くわけです．それでも聞き取れない場合は，臆せずに別の通行人に同じことを聞いてみましょう．路上は会話の練習台のようなものです．noch も einmal も副詞で，B 文は英語の *Once again, please!* に当たります．

この課のポイント

sein動詞の使い方を覚えましょう！

ドイツ語では，主語の人称（話し手や聞き手，第三者，話題の事物）に従って動詞が変化します（⇨文法）．まず手初めに sein 動詞（英語の *be* 動詞に当たります）の変化をいくつか練習してみましょう．

Track 23

《主語》	《sein》	《例文》
ich《イヒ》（私）	**bin**《ビン》	**Ich**《イヒ》 **bin**《ビン》 **Japaner.**《ヤパーナー》 私は日本人です．
Sie《ズィー》（あなた）	**sind**《ズィント》	**Wer**《ヴェーア》 **sind**《ズィント》 **Sie?**《ズィー》 あなたは誰ですか？
er《エア》（彼）/ **sie**《ズィー》（彼女）/ **es**《エス》（それ） ※ **die**《ディ》 **Post**《ポスト》	**ist**《イスト》	**Er**《エア》 **ist**《イスト》 **jung.**《ユング》 彼は若いです．

※ die Post［ディ　ポスト］も er［エア］と同じ人称になります．

＊ 主語の次に動詞を置くのがドイツ語の一般的な語順ですが，疑問文は，動詞を主語の前に置きます．英語の助動詞 do のようなものは使いません（⇨文法）．例えば Ich bin Japaner. に対する質問文は次のようになります．

Sind《ズィント》 Sie《ズィー》 Japaner?《ヤパーナー》　あなたは日本人ですか？

Dialog 2

今日は時間がありますか？

Haben Sie heute Zeit?

Track 24

Monika **Haben《ハーベン》 Sie《ズィー》 heute《ホイテ》 Zeit《ツァイト》?**

Kenji **Nein《ナイン》, leider《ライダー》 nicht《ニヒト》.**

Monika **Sind《ズィント》 Sie《ズィー》 morgen《モルゲン》 zu《ツー》 Haus《ハオス》?**

Kenji **Nur《ヌーア》 morgen《モルゲン》 Abend《アーベント》.**

路上で

モニカ　今日，お時間ありますか？
賢治　いや，あいにくありません．
モニカ　明日は家にいますか？
賢治　（明日の）晩だけなら．

haben《ハーベン》　持つ

「持つ」を意味する動詞の基本形.

heute《ホイテ》　今日

「明日」は morgen,「昨日」は gestern [ゲスターン] と言います.

Heute《ホイテ》 ist《イスト》 Freitag.《フライターク》　今日は金曜日です.

leider《ライダー》 **nicht**《ニヒト》　あいにくありません

leider は「残念ながら」, nicht は英語の *not* を意味し, ともに副詞です. 欧米社会では, Ja! [ヤー]「はい」か, Nein! [ナイン]「いいえ」と, 意思表示を明確にする必要があります.《あいまいな返事》は誤解の元です. 大和民族の《以心伝心の術》は通じないと心得て下さい.

zu《ツー》 **Haus**《ハオス》　家にいる, 在宅である

慣用句です.

Ich《イヒ》 bin《ビン》 heute《ホイテ》 zu《ツー》 Haus.《ハオス》　私は今日家にいます.

morgen《モルゲン》 **Abend**《アーベント》　明日の晩

Abend は名詞で次のようなパターンで使われます.

gestern Morgen	昨日の朝	gestern Abend	昨晩
heute Morgen	今朝	heute Abend	今晩
morgen früh	明日の朝	morgen Abend	明日の晩

Morgen は「朝」を意味しますが, morgen Morgen とは言えません.
früh [フリュー]「早く」という副詞を用います.
morgen は副詞で「明日」を意味します.

いろいろな表現

Track 25

Haben Sie Geld?

A : Haben《ハーベン》 Sie《ズィー》 Geld《ゲルト》?　　お金がありますか？

B : Ja《ヤー》, ich《イヒ》 habe《ハーベ》 genug《ゲヌーク》 Geld《ゲルト》.　　はい，十分にあります.

genug ［ゲヌーク］ は英語の *enough* ［イナフ］ と同じような使われ方をする副詞です．ご馳走を勧められて「ありがとう，（美味しくいただきましたよ）もう十分よ！」と言うときにも応用できます．

Danke《ダンケ》, es《エス》 ist《イスト》 genug《ゲヌーク》.　　（この場合の es は *it* に当たります）

Haben Sie Familie?

A : Haben《ハーベン》 Sie《ズィー》 Familie《ファミーリエ》?　　ご家族がおありですか？

B : Nein《ナイン》, ich《イヒ》 bin《ビン》 ledig《レーディヒ》.　　いいえ，私は独身です.

Familie ［ファミーリエ］ はファミリーからすぐ連想できますね．外来語で ie の前にアクセントがある場合は ［イエ］ と発音します．ledig ［レーディヒ］ は「独身」を意味する形容詞です．

曜日の言い方

Montag《モーンターク》	Dienstag《ディーンスターク》	Mittwoch《ミットヴォホ》	Donnerstag《ドンナースターク》
月曜日	火曜日	水曜日	木曜日
Freitag《フライターク》	Samstag《ザムスターク》 (Sonnabend《ゾンアーベント》)		Sonntag《ゾンターク》
金曜日	土曜日		日曜日

＊ 曜日に am ［アム］ を付けると「～曜日に」という意味になります．

am Sonntag ［アム ゾンターク］　日曜日に

この課のポイント

haben動詞の使い方を覚えましょう！

sein と同様に，haben（英語の *have* に当たります）もよく使われる動詞ですので人称変化を練習してみましょう（⇨文法）．英語は3人称単数のみ has に変化しましたが，ドイツ語ではどうなるでしょうか？！

Track 26

《主語》	《haben》	《例文》
ich《イヒ》（私）	**habe**《ハーベ》	**Ich**《イヒ》 **habe**《ハーベ》 **Hunger**《フンガー》**.** 私はおなかが空いています.
Sie《ズィー》（あなた）	**haben**《ハーベン》	**Haben**《ハーベン》 **Sie**《ズィー》 **Hunger**《フンガー》**?** おなかが空いていますか？
er《エア》（彼）	**hat**《ハット》	**Er**《エア》 **hat**《ハット》 **Hunger**《フンガー》**.** 彼はおなかが空いています.

Hunger haben は直訳すると「空腹を持つ」という意味ですが，「おなかが空いている」という慣用句として使います．また次のような類似の表現もあります．

Ich《イヒ》 habe《ハーベ》 Durst《ドゥルスト》.　　私は喉が渇いています.

Durst は「渇き」を表す名詞です．では，相手の人に聞いてみましょう．

Haben《ハーベン》 Sie《ズィー》 Durst《ドゥルスト》?　　喉が渇いていますか？

Dialog 3

一緒にビールを飲もうか？

Trinken wir zusammen Bier?

Track 27

Hans **Trinken《トリンケン》 wir《ヴィーア》 zusammen《ツザッメン》 Bier?《ビーア》**

Kenji **Nein,《ナイン》 ich《イヒ》 trinke《トリンケ》 lieber《リーバー》 Wein.《ヴァイン》**

Hans **Aber《アーバー》 gehen《ゲーエン》 wir《ヴィーア》 zusammen!《ツザッメン》**

Kenji **Also《アルゾ》 gut!《グート》**

仕事の後で

ハンス　一緒にビールを飲もうか？

賢治　いや，ぼくはワインの方がいいね．

ハンス　でも一緒に行こうよ！

賢治　じゃあ，そうしよう！

wir《ヴィーア》	私たちは

1人称の複数です．これに接続する動詞は変化させる必要がありません．

zusammen《ツザッメン》	一緒に

副詞です．英語の *together* に当たります．

Bier《ビーア》 **/ Wein**《ヴァイン》	ビール / ワイン

ドイツ語は英語と違い，名詞の頭文字はすべて大文字で書きます．

trinke《トリンケ》	（私は）飲む

ich に接続する場合は基本形 trink**en** が trink**e** に変化します（⇨文法）．

lieber《リーバー》	むしろ

lieber は，gern［ゲルン］「好んで」（副詞）を強めた形で「より好んで」を意味します．日本語だと「むしろ」と訳すのがいいでしょう．Ich trinke lieber Wein als Bier.［アルス　ビーア］と補って「私はビールよりもワインの方をより好んで飲む」と考えてみましょう．als［アルス］は接続詞で比較級とともに用います．

Gehen《ゲーエン》 **wir**《ヴィーア》 **zusammen!**《ツザッメン》	一緒に行こうよ！

「～しましょう！」と言う場合は，形は疑問文と同じですが，文末の抑揚は上げません．英語の *Let's* に当たります．

いろいろな表現

Track 28

Eine Tasse Kaffee, bitte!

A : Bitte《ビッテ》 schön《シェーン》?　　（ご注文を）どうぞ？

B : Eine《アイネ》 Tasse《タッセ》 Kaffee《カフェー》, bitte《ビッテ》!　　コーヒーを１杯お願いします！

Bitte schön には「どういたしまして！」という使い方の他に，喫茶店のウエートレスや窓口の担当者などが「（注文や用件を）どうぞ？」と応対の口火を切るのに使います．

Tasse ［タッセ］ はカップのことで，*a cup of coffee* ということになります．ミルクや砂糖をつけたいのなら *with* に当たる前置詞 mit ［ミット］ を続けて次のようにします．

eine《アイネ》 Tasse《タッセ》 Kaffee《カフェー》 mit《ミット》 Milch《ミルヒ》 und《ウント》 Zucker《ツッカー》　　ミルクと砂糖つきの１杯のコーヒー

eine《アイネ》 Tasse《タッセ》 Tee《テー》 mit《ミット》 Zitrone《ツィトローネ》　　１杯のレモンティー

Milch はミルク，Zucker は砂糖，Zitrone はレモン．ドイツでは，コーヒーを注文すると普通はミルクも砂糖も添えられてきます．

Wünschen Sie noch eine Tasse Kaffee?

A : Wünschen《ヴュンシェン》 Sie《ズィー》 noch《ノホ》 eine《アイネ》 Tasse《タッセ》 Kaffee《カフェー》?　　コーヒーをもう１杯いかがですか？

B : Ja《ヤー》, bitte《ビッテ》!　　ええ，いただきます！

wünschen は動詞で「望む」，noch は副詞で「さらに」を意味します．

この課のポイント

sein動詞/haben動詞以外の動詞について変化を覚えましょう！

よく使われるこの2つの動詞は実は不規則な変化をします．ここでは規則的な変化をする動詞について学びましょう（⇨文法）.
ドイツ語の動詞は語尾がすべて -en（または -n）で終わります．この部分を語尾と言います．その語尾が主語によって次のように変化します．

Track 29

基本の形　**lernen**（英語の原形に当たります）
《語尾》

ich（私）	lerne［レルネ］	私は学びます	**《-e》**
Sie（あなた）	lernen［レルネン］	あなたは学びます	**《-en》**
er（彼）	lernt［レルント］	彼は学びます	**《-t》**
wir（私たち）	lernen［レルネン］	私たちは学びます	**《-en》**

動詞の語尾は，ich なら　《-e》　パターン1
er なら　《-t》　パターン2
Sie と wir なら基本の形と同じ《-en》　パターン3
になります．差し当たりこの3つのパターンを練習しましょう！

例：Er《エア》 wünscht《ヴュンシュト》 eine《アイネ》 Tasse《タッセ》 Kaffee《カフェー》.
彼は1杯のコーヒーを所望する.

Dialog 4

乾杯！

Prosit!

Track 30

Kenji **Prosit《プローズィット》!**

Der《デア》 Wein《ヴァイン》 schmeckt《シュメックト》 sehr《ゼーア》 gut《グート》!

Hans **Zum《ツム》 Wohl《ヴォール》, Kenji《ケンジ》!**

Herzlich《ヘルツリヒ》 willkommen《ヴィルコッメン》 in《イン》 Deutschland《ドイチュラント》!

Kenji **Danke《ダンケ》!**

酒場で

賢治　乾杯！

　　　ワインはとっても美味しいよ！

ハンス　乾杯，賢治！

　　　ドイツへようこそ！

賢治　ありがとう！

Prosit!《プローズィット》	乾杯！

乾杯をする時には，本文の Prosit! や Zum Wohl! の他に Prost! [プロースト] という言い方もあります．結婚式など多少固い場面には Zum Wohl! が使われることが多いようですが，意識するほどの違いはありません．自分と相性のよさそうな表現を使って下さい．

der《デア》 **Wein**《ヴァイン》	ワイン

ちょっと冠詞に注目！ 会話の 1 では， 3 つある冠詞のうち die が登場しました．der は 2 つ目です．英語の the が，ドイツ語だとどうして 3 つに分かれるのでしょう？ 答えは簡単！ 冠詞の ‘主人’ たる名詞が 3 つのタイプに分かれるからなんです．
ちなみに，会話の 3 でみたように「ワイン」や「ビール」は無冠詞で使いますが，ここでの定冠詞には，「ワインというものは」と名詞を一般化する機能があります．

schmeckt《シュメックト》	(〜の) 味がする

基本の形は schmecken [シュメッケン] です． 3 人称の単数ですので，語尾 **-en** が **-t** に変化します．

willkommen《ヴィルコンメン》	ようこそ

挨拶のきまり文句です．herzlich は「心から，本当に」と willkommen を強調する副詞です．

Willkommen《ヴィルコンメン》 in《イン》 Japan!《ヤーパン》　日本へようこそ！

＊その他の国々

Frankreich [フランクライヒ] フランス
England [エングラント] 英国
Spanien [シュパーニエン] スペイン

いろいろな表現

Track 31

Schmeckt es?

A : Schmeckt《シュメックト》 es《エス》?　　おいしいですか？

B : Danke《ダンケ》, es《エス》 schmeckt《シュメックト》 gut《グート》.　　ありがとう，おいしいです．

この場合の schmecken は「（～にとって）おいしい，口に合う」という意味で，主語に英語の *it* に当たる es を立てます．この場合は「それ」という意味ではなく，《形式上の主語》と考えます．日常よく使う熟語です．

Trinken Sie gern Wein?

A : Trinken《トリンケン》 Sie《ズィー》 gern《ゲルン》 Wein《ヴァイン》?　　ワインはお好きですか？

B : Ja《ヤー》, ich《イヒ》 trinke《トリンケ》 gern《ゲルン》 Wein《ヴァイン》.　　はい，ワインは好きです．

副詞 gern を用いて，「～は好きですか？ — ええ，好きです！」というパターンを練習してみましょう．

動詞 ＋ Sie ＋ gern（＋目的語）？
Ja, ich ＋ 動詞 ＋ gern（＋目的語）．

Essen《エッセン》 Sie《ズィー》 gern《ゲルン》 Eis《アイス》?

アイスクリームは好きですか？

Ja《ヤー》, ich《イヒ》 esse《エッセ》 gern《ゲルン》 Eis《アイス》.

ええ，アイスクリームは好きです．

＊essen［エッセン］は「食べる」という意味の動詞です．

この課のポイント

定冠詞の3つのタイプ (der［デア］, die［ディ］, das［ダス］) について

定冠詞が３つあるとは，一体どういうことなのでしょう？ 賢治がモニカに聞いています．ちょっと，その場面を覗いてみましょう！

賢治　ところで，定冠詞は昔からざ(*the*)と相場が決まってるのでは！？

モニカ　英語と違ってドイツ語の名詞はどれも文法上の性を持ち，男性，女性，中性のどれかに分類されるの．それで，その名詞に付けられる冠詞も３つに分かれるのよ．

賢治　名詞にも《男っぽい》のやら，《女っぽい》のがあるの？

モニカ　文法上の性は生物学的な性とは一切関係ないよ．たまたま Vater［ファーター］「父」が男性名詞で Mutter［ムッター］「母」が女性名詞であってもね，原則的には両者の間に関連性はないと考えてね．

賢治　じゃあ，名詞を覚える時は冠詞とセットにしたほうが得策だね．

Track 32

《der ＋ 男性名詞》	《die ＋ 女性名詞》	《das ＋ 中性名詞》
der《デア》 Wein《ヴァイン》 ワイン	die《ディ》 Milch《ミルヒ》 ミルク	das《ダス》 Bier《ビーア》 ビール

Dialog 5

テニスをしましょうか？

Spielen wir Tennis?

Track 33

Monika **Regnet《レーグネット》 es《エス》 noch《ノホ》?**

Kenji **Nein《ナイン》, es《エス》 regnet《レーグネット》 nicht《ニヒト》 mehr《メーア》.**

Monika **Spielen《シュピーレン》 wir《ヴィーア》 Tennis《テニス》?**

Kenji **Ja《ヤー》, gern《ゲルン》!**

部屋で

モニカ　まだ雨は降ってるの？

賢治　いいや，もう降ってないよ.

モニカ　テニスをしましょうか？

賢治　ええ，いいですよ！

Regnet《レーグネット》 **es?**《エス》　雨が降っていますか？

regnet の基本形は regnen「雨が降る」になります．ドイツ語の現在形は，「～している」という意味も含んでいますので，この文も「雨が降る / 降っている」の両方を表現することができます．「雨（雪）が降る（Es regnet (schneit). ［エス　レーグネット（シュナイト）］」，「雷が鳴る（Es donnert. ［エス　ドンナート］）」などの自然現象は，es（英語の *it* に当たる）を主語に立てます．

noch《ノホ》　まだ

Noch eine Tasse Kaffee, bitte!「もう 1 杯コーヒーをお願いします！」の noch は「さらに」という意味でしたね．noch にはさらに！，「まだ」という意味もあるんです．

nicht《ニヒト》 **mehr**《メーア》　もはや～ない

決まった言い方です．

spielen《シュピーレン》　遊ぶ，（スポーツなどを）する，（楽器などを）演奏する

英語の *play* に当たり，いろいろな名詞と結び付いて多彩な使われ方をします．

Ja,《ヤー》 **gern!**《ゲルン》　ええ，そうしましょう！

文意を補うと，「はい，（いいですとも，喜んで）しましょう！」となります．

いろいろな表現

Track 34

Machen wir Pause?

A : Machen《マッヘン》 wir《ヴィーア》 Pause《パオゼ》?　　ひと休みしましょうか？

B : Ja,《ヤー》 gern!《ゲルン》　　ええ，そうしましょう！

Pause は「休憩」や「間(ま)」を意味し，machen「する」という動詞とともに使います．どんな重要なことにも，ぜひ Machen Sie Pause!「ひと休みして下さい！」ね．

Was machen Sie gern?

A : Was《ヴァス》 machen《マッヘン》 Sie《ズィー》 gern?《ゲルン》　　何をするのが好きですか？

B : Ich《イヒ》 spiele《シュピーレ》 gern《ゲルン》 Gitarre.《ギタレ》　　ギターを弾くのが好きです．

machen という動詞はいわゆる《何でも屋》で，語彙の少ない初心者はこれで代用してしまうことがよくあります．それも急場をしのぐための便法でしょう．
さて，文例のように gern を用いて趣味を聞くこともできます．Gitarre［ギタレ］とはギターのことです．was［ヴァス］は「何」を表します．

自然現象にまつわる主語esとspielenの使い方

この課のポイント

ポイント 1

かつて北原白秋は「雨はふるふる　城ヶ島の磯に ～♪」と作詞しましたが，ドイツ語にも “Es regnet. Es regnet. ～♪” と始まる愛らしい童謡があります．歌詞を見てのとおりドイツ語は，regnen という動詞を用いる場合は es を主語に立てなければなりません．

ポイント 2

spielen は，本課の例文以外にも次のような名詞と結び付きます．その際名詞は無冠詞で用います．

Track 35

《ゲーム》　Spielen《シュピーレン》 Sie《ズィー》 Schach《シャハ》?　チェスをしますか？

《楽器》　Spielen《シュピーレン》 Sie《ズィー》 Gitarre《ギタレ》?　ギターを弾きますか？

《曲》　Spielen《シュピーレン》 Sie《ズィー》 Mozart《モーツァルト》?　モーツァルトを演奏しますか？

＊ Schach［シャハ］＝チェス

日本語では，「楽しく過ごす」という意味で「遊ぼうよ！」と言うことがありますが，これをそのまま直訳することはできません．ドイツ語では，「テニスをしましょうよ！」とか，「お茶を飲みましょうよ！」などと具体的に表現しなければなりません．

Dialog 6

こんにちは！　ご機嫌いかが？

Guten Tag!　Wie geht es Ihnen?

Track 36

Monika **Guten《グーテン》 Tag《ターク》! Wie《ヴィー》 geht《ゲート》 es《エス》 Ihnen《イーネン》?**

Kenji **Danke《ダンケ》, gut《グート》. Das《ダス》 ist《イスト》 Herr《ヘル》 Schneider《シュナイダー》.**

Hans **Guten《グーテン》 Tag《ターク》. Ich《イヒ》 heiße《ハイセ》 Hans《ハンス》 Schneider《シュナイダー》.**

Kenji **Gehen《ゲーエン》 wir《ヴィーア》 ins《インス》 Café《カフェー》?**

路上で

モニカ　こんにちは！ ご機嫌いかが？

賢治　ありがとう，いいよ．こちらはシュナイダーさんです．

ハンス　こんにちは．ハンス・シュナイダーと申します．

賢治　喫茶店へ行きましょうか？

Wie《ヴィー》 geht《ゲート》 es《エス》 Ihnen《イーネン》?　ご機嫌いかが？

これは非人称主語の es を用いた決まった言い方です．かりに英語の *How are you?* から連想して Sie「あなた」を主語にすると，Wie gehen Sie?「あなたはどんな風に歩きますか？」となってしまいます．この言い回しには，Sie の間接目的格 Ihnen［イーネン］を使います．答えの gut［グート］は「良い」という意味です．

Das《ダス》 ist《イスト》 ...　こちら（これ）は，…です

人や物を紹介する時の決まり文句です．

Herr《ヘル》 ... / Frau《フラオ》 ...　…さん

Herr は男性，Frau は女性に対する呼びかけ．ちなみに《Schneider》は，《田中》や《佐藤》などのようによく聞かれる姓です．

heiße《ハイセ》　～という名前です

自己紹介は会話の基本です．頭の中の《配線》heißen［ハイセン］を今一度チェック！

ins《インス》 Café《カフェー》　喫茶店へ

「喫茶店へ行く」という文脈で用いられる前置詞 in は，Café［カフェー］「喫茶店」や Restaurant［レストラーン］「レストラン」と結び付く時，ins［インス］の形になります．ins とは，in と定冠詞 das が結び付いた結合形です（⇨文法）．

いろいろな表現

Track 37

Wie heißen Sie?

A : Wie《ヴィー》 heißen《ハイセン》 Sie《ズィー》?　あなたのお名前は何とおっしゃいますか？

B : Ich《イヒ》 heiße《ハイセ》 Otomo《オートモ》.　私は大友と申します.

動詞 heißen を用いた名前の聞き方です．ß の文字はふつうに［ス］と発音します．

Wie ist Ihr Name?

A : Wie《ヴィー》 ist《イスト》 Ihr《イーア》 Name《ナーメ》?　あなたのお名前は何とおっしゃいますか？

B : Mein《マイン》 Name《ナーメ》 ist《イスト》 Otomo《オートモ》.　私の名前は大友です.

名のり方には，heißen を使う他にもマイネームに当たる mein Name［マイン　ナーメ］による言い方もできます．Ihr［イーア］は「あなたの」，mein は「私の」に当たります．ドイツ語の発音はほぼローマ字読みができるという利点を持っていますが，規則もいくつかあります（⇨文法）．例えば heißen や mein に見られる綴り〈ei〉は常に［アイ］と発音し，その逆の〈ie〉は［イー］と発音します．

mein　⇨［マイン］　　wie　⇨［ヴィー］

heißen　⇨［ハイセン］　　Sie　⇨［ズィー］

この課のポイント

人称代名詞（ich / Sie）の間接目的格／直接目的格を覚えましょう.

Track 38

Wie《ヴィー》 geht《ゲート》 es《エス》 Ihnen《イーネン》? ご機嫌いかが？

Es《エス》 geht《ゲート》 mir《ミーア》 gut《グート》. 私は元気ですよ.

上例の mir と Ihnen は，間接目的格「私に」「あなたに」に当たります．本文中の Danke, gut. は Danke, (es geht mir) gut. と補うことができます．

主格	間接目的格	直接目的格
ich （私は）	mir （私に）	mich （私を）
Sie （あなたは）	Ihnen （あなたに）	Sie （あなたを）

次は直接目的格の例です．liebe / liebt の基本形は lieben［リーベン］「愛する」です．

Ich《イヒ》 liebe《リーベ》 Sie《ズィー》. 私はあなたを愛しています.

Sie《ズィー》 liebt《リープト》 mich《ミッヒ》. 彼女は私を愛しています.

＊「あなた」を表す人称代名詞の Sie は，文中でも頭文字を大文字で書くことになっています．ただし，小文字で始まる sie は「彼女」「彼(女)ら」を表します（⇨文法）．

Dialog 7

どこからいらっしゃいましたか？

Woher kommen Sie?

Track 39

Polizist **Woher《ヴォヘーア》 kommen《コンメン》 Sie《ズィー》?**

Kenji **Ich《イヒ》 komme《コンメ》 aus《アオス》 Japan《ヤーパン》.**

Polizist **Wohnen《ヴォーネン》 Sie《ズィー》 hier《ヒーア》 in《イン》 Konstanz《コンスタンツ》?**

Kenji **Ja《ヤー》, ich《イヒ》 wohne《ヴォーネ》 jetzt《イェッツト》 hier《ヒーア》.**

駅前で

警官　どこからいらっしゃいましたか？
賢治　日本から来ました.
警官　ここコンスタンツにお住まいですか？
賢治　ええ，今はここに住んでいます.

Woher《ヴォヘーア》 kommen《コッメン》 Sie《ズィー》?	どこからいらっしゃいましたか？

woher は疑問副詞です．この言い方で，「あなたはどこの出身ですか？」という意味にもなります．

aus《アオス》 Japan《ヤーパン》	日本から

aus は前置詞で日本語の「から」に該当します．

hier《ヒーア》 in《イン》 Konstanz《コンスタンツ》	ここコンスタンツに

最初に大ざっぱに hier と言い，それから Konstanz という具体的な都市名をあげます．

Ja《ヤー》, ich《イヒ》 wohne《ヴォーネ》 jetzt《イェッツト》 hier《ヒーア》.	ええ，今はここに住んでいます．

wohne の基本形は wohnen［ヴォーネン］です．副詞が 2 つ並ぶ時の語順は，最初に《時》，それから《場所》となります．日本語でも，案内文などでは最初に《時》を指定するのが普通ですね．「いつ・どこで」と覚えておくのがよいでしょう．

どちらかの副詞を強調する場合は，それを文頭に出し，主語と動詞を《倒置》にします．強調するものを文頭に出すという方法は日本語とも共通しています．

例： Jetzt《イェッツト》 wohne《ヴォーネ》 ich《イヒ》 hier《ヒーア》.　　今は，ここに住んでいる．

Hier《ヒーア》 wohne《ヴォーネ》 ich《イヒ》 jetzt《イェッツト》.　　ここにね，今住んでいる．

いろいろな表現

Track 40

人間は《どこから》来て，《どこに》いて，《どこへ》行くのでしょうか？

本文中の疑問副詞 woher と関連するものに wo と wohin があります．それらを対応する前置詞とセットにして並べてみました．

《問い》				《答え》	
woher ［ヴォヘーア］	どこから	⇨		aus ［アオス］	～から
wo ［ヴォー］	どこに	⇨		in ［イン］	～に
wohin ［ヴォヒン］	どこへ	⇨		nach ［ナーハ］	～へ

Wo wohnen Sie?

A : Wo《ヴォー》 wohnen《ヴォーネン》 Sie《ズィー》?　　どこにお住まいですか？

B : Ich《イヒ》 wohne《ヴォーネ》 in《イン》 Konstanz《コンスタンツ》.　　コンスタンツに住んでいます．

Wohin gehen Sie?

A : Wohin《ヴォヒン》 gehen《ゲーエン》 Sie《ズィー》?　　どこへいらっしゃいますか？

B : Ich《イヒ》 gehe《ゲーエ》 nach《ナーハ》 Konstanz《コンスタンツ》.　　コンスタンツへ行きます．

前置詞 nach は地名に冠詞を付けずに用います．

nach Japan ［ナーハ　ヤーパン］ 日本へ

nach Deutschland ［ナーハ　ドイチュラント］ ドイツへ

地名の中には常に冠詞付で用いられるものもあり，この場合は in を用います．

in die Schweiz ［イン　ディ　シュヴァイツ］ スイスへ

in die Türkei ［イン　ディ　テュルカイ］ トルコへ

語順について学びましょう！

ドイツ語では，疑問詞のない疑問文以外は，**動詞は2番目**に置きます（⇨文法）.

Track 41

1番目		2番目			
Ich《イヒ》		lerne《レルネ》	Deutsch《ドイチュ》.	正置	ドイツ語を勉強している.
主語	＋	動詞			
Deutsch《ドイチュ》		lerne《レルネ》	ich《イヒ》.	倒置	ドイツ語をね，勉強している.
Heute《ホイテ》		lerne《レルネ》	ich《イヒ》 Deutsch《ドイチュ》.	倒置	今日はドイツ語を勉強している.
Was《ヴァス》		lernen《レルネン》	Sie《ズィー》?	倒置	何を勉強しているの？
		動詞	＋ 主語		

疑問詞のない疑問文と比較してみましょう.

1番目		2番目			
Lernen《レルネン》	＋	Sie《ズィー》	Deutsch《ドイチュ》?	倒置	ドイツ語を勉強しているの？
動詞		主語			

Dialog 8

メニューを見せて下さい！

Geben Sie mir bitte die Speisekarte!

Track 42

Kellner **Was**《ヴァス》 **nehmen**《ネーメン》 **Sie?**《ズィー》

Kenji **Geben**《ゲーベン》 **Sie**《ズィー》 **mir**《ミーア》 **bitte**《ビッテ》 **die**《ディ》 **Speisekarte!**《シュパイゼカルテ》

Kellner **Gern!**《ゲルン》

Kenji **Was**《ヴァス》 **empfehlen**《エンプフェーレン》 **Sie?**《ズィー》

レストランで

ウエーター　何になさいますか？

賢治　メニューを見せて下さい！

ウエーター　かしこまりました.

賢治　何がお勧めですか？

Was《ヴァス》 nehmen《ネーメン》 Sie《ズィー》?	何になさいますか？

ウエートレスやウエーターが注文を取りにあなたの席へやって来て，ダイアローグのように聞いてきます．nehmen［ネーメン］は「選び取る」という意味の動詞．他に Was darf es sein?［ヴァス ダルフ エス ザイン］という決まり文句もありますし，Bitte schön?（⇨会話 3）もよく使われます．

Geben《ゲーベン》 Sie《ズィー》 mir《ミーア》 bitte《ビッテ》 die《ディ》 Speisekarte《シュパイゼカルテ》!	メニューを見せて下さい！

geben［ゲーベン］は「…に～を与える」という意味で，英語の *give* に当たります．「私に～して下さい！」と何か人に頼む場合は，mir の後ろに bitte と付けるのを忘れないで下さい！これがないとぶっきらぼうな言い方になってしまいます．
bitte は「美手で，美の一手！」と心得ましょう．
Speisekarte［シュパイゼカルテ］は女性名詞なので die を付けます．

Was《ヴァス》 empfehlen《エンプフェーレン》 Sie《ズィー》?	何がお勧めですか？

適当に指さして持ってこられた料理の山を見て途方に暮れるよりは，あらかじめ聞くのが賢いやり方でしょう．

いろいろな表現

Track 43

Bringen Sie mir bitte das Tagesmenü!

A : Bitte《ビッテ》 schön《シェーン》?	(ご注文を)どうぞ?
B : Bringen《ブリンゲン》 Sie《ズィー》 mir《ミーア》 bitte《ビッテ》 das《ダス》 Tagesmenü《ターゲスメニュー》!	日替わり定食をお願いします.

Tagesmenü [ターゲスメニュー] は日替わりの献立料理で，注文に迷う時は Tagesmenü にすると料理にまつわる失敗は少なくなるかと思います．bringen は「…に～を持ってくる」という動詞です．

Das bitte!

A : Bitte《ビッテ》 schön《シェーン》?	(ご注文を)どうぞ?
B : Das《ダス》 bitte《ビッテ》!	これをお願いします.

一番簡単な注文の仕方です．メニューの中を指さして，笑顔で「コレお願い！」と言うわけです．店先の品物など実際目に見えるものの場合には特に役に立ちます．

メニューの内容自体がチンプンカンプンなら，本文のように Was empfehlen Sie? と聞くのが良いでしょう．

「〜をお願いします！」(じょうずな注文の仕方)

食 前

Track 44

ウエートレスの質問：何になさいますか(ご注文をどうぞ)？

1) Was《ヴァス》 nehmen《ネーメン》 Sie《ズィー》?

2) Was《ヴァス》 darf《ダルフ》 es《エス》 sein《ザイン》?

3) Bitte《ビッテ》 schön《シェーン》?

＊2)は熟語として覚えましょう.

あなたの対応：

1) …をお願いします！

Geben《ゲーベン》 Sie《ズィー》 mir《ミーア》 bitte《ビッテ》 …!

… bitte《ビッテ》!

2) 何がお勧めですか？

Was《ヴァス》 empfehlen《エンプフェーレン》 Sie《ズィー》?

3) (具体名の代わりに das を用いて，指さしながら)
これをお願いします！

Geben《ゲーベン》 Sie《ズィー》 mir《ミーア》 bitte《ビッテ》 das《ダス》!

Das《ダス》 bitte《ビッテ》!

Dialog 9

ちょっと，勘定をお願いします！

Hallo, zahlen bitte!

Track 45

Kenji **Hallo《ハロー》, zahlen《ツァーレン》 bitte《ビッテ》!**

Kellner **Komme《コンメ》 sofort《ゾフォルト》 ... so《ゾー》, das《ダス》 macht《マハト》 zusammen《ツザンメン》 19《19＊》 Euro《オイロ》.**

＊ノインツェーン

Getrennt《ゲトレント》 oder《オーダー》 zusammen《ツザンメン》?

Kenji **Zusammen《ツザンメン》 bitte《ビッテ》.**

レストランで

賢治　ちょっと，勘定をお願いします！

ウエーター　すぐ来ます…　さて，全部で 19 ユーロです．（お支払いは）別々，それともご一緒になさいますか？

賢治　一緒にお願いします．

Hallo《ハロー》, zahlen《ツァーレン》 bitte《ビッテ》!	ちょっと，勘定をお願いします！

ドイツのレストランでは，レジではなく，ウエートレスやウエーターを自分の席まで呼んでそこで支払うという習慣があります．その際，注文を取りに来た人に片手をあげて合図します．レストランが混んでいる時は，タイミングよく手を挙げなければなかなか気づいてくれません．

zahlen［ツァーレン］は「支払う」という動詞です．bitte を付けるだけで本文のように使うことができます．

Komme《コンメ》 sofort《ゾフォルト》.	すぐ来ます．

よく使う簡単な日常会話文では，主語が省略されることもあります．主語を補うと Ich komme sofort. になります．

so《ゾー》	さて

単独で用いて《確認》や《締めくくり》を表します．ここでは，ウエーターがその場で金額を計算し，その《締めくくり》として「さて」と切り出したわけです．

Das《ダス》 macht《マハト》 zusammen《ツザンメン》 19 Euro《オイロ》.	全部で 19 ユーロになります．

金額を示す慣用句です．総額なら zusammen［ツザンメン］「全部で」を付け加えます．また zusammen には「一緒に」や「まとめて」という意味もあります．

19 は［ノインツェーン］と読みますが，請求書を見て判断できますので，数詞の読み方にあまり気をつかう必要はありません．

いろいろな表現

Track 46

ダイアローグの続きの場面です．19 ユーロ出せば勘定どおりですが，ここで賢治さんは Stimmt so! [シュティムト ゾー]「勘定はピタリと合いますよ！」と言いながら 20 ユーロ出しました．つまり端数を繰り上げるか，少し多めに出してチップにするわけです．粋な表現ですね．

Stimmt の基本形は stimmen [シュティメン] で，「(計算などが) 合う」という意味の動詞です．主語の es を省略して慣用句として用います．

Stimmt so!

A：(賢治)　Stimmt《シュティムト》 so《ゾー》!　おつりはお取り下さい！

B：(ウエーター／ウエートレス)　Danke《ダンケ》 schön《シェーン》!　ありがとうございます！

別々に支払う場合の言い方は次のとおりです．

Getrennt bitte!

A：Zusammen《ツザッメン》 oder《オーダー》 getrennt《ゲトレント》?　(お支払いは)ご一緒，それとも別々になさいますか？

B：Getrennt《ゲトレント》 bitte《ビッテ》!　別々にお願いします．

「勘定をお願いします！」（じょうずな支払い方）　この課のポイント

食後

まずは片手を挙げて，「ハロー！」とウエートレスを席まで呼びましょう．ウエートレスが小走りにやって来ました．さあ，あなたの対応は？

Track 47

あなたの対応：　1）勘定をお願いします！

Zahlen《ツァーレン》 bitte《ビッテ》!

2）（別々に払うなら）　/　（一括して払うなら）

Getrennt《ゲトレント》 bitte《ビッテ》!　　Zusammen《ツザッメン》 bitte《ビッテ》!

別々にお願いします！　　まとめてお願いします！

チップは無理せずに，端数を繰り上げて「つりはいらねぇ～，とっときねぇ」と言うだけで十分誠意は伝わります．

3）（ピタリと合います）おつりはお取り下さい！

Stimmt《シュティムト》 so《ゾー》!

Dialog 10

お手伝いしましょうか？

Kann ich Ihnen helfen?

Track 48

Frau **Kann《カン》 ich《イヒ》 Ihnen《イーネン》 helfen?《ヘルフェン》**

Kenji **Sprechen《シュプレッヒェン》 Sie《ズィー》 Japanisch?《ヤパーニッシュ》**

Frau **Ja,《ヤー》 ich《イヒ》 spreche《シュプレッヒェ》 etwas《エトヴァス》 Japanisch.《ヤパーニッシュ》**

Kenji **Das《ダス》 ist《イスト》 schön!《シェーン》**

旅行案内所で

女性　お手伝いしましょうか？
賢治　日本語を話しますか？
女性　ええ，少し日本語を話します．
賢治　それはいいや！

Kann《カン》 ich《イヒ》 Ihnen《イーネン》 helfen《ヘルフェン》?	お手伝いしましょうか？

kann は，動詞に「～できる」という意味付けをする助動詞です．können [ケンネン] というのが基本形で，人称に従って Ich kann ～．[イヒ カン]「私は～できます」Er kann ～．[エア カン]「彼は～できます」Sie können ～．[ズィー ケンネン]「あなたは～できます」のように変化します（⇨文法）．

ダイアローグの文は疑問文ですから，Kann ich ～？「私は～できますか？」と倒置文になります．また助動詞を用いる時は，動詞を文末に置くのがドイツ語の特徴です．英語の *Can I help you?* ではなく，*Can I you help?* の語順となります．文末に移動する動詞は変化しません．

sprechen《シュプレッヒェン》	話す

単語が〈sp〉や〈st〉の綴りで始まっている場合は，[シュプ] / [シュト] と発音し，英語のように [スプ] や [スト] にはなりません．

etwas《エトヴァス》	少し

副詞的に用います．

Haben《ハーベン》 Sie《ズィー》 etwas《エトヴァス》 Geld《ゲルト》?　お金を少しばかりお持ちですか？

Japanisch《ヤパーニッシュ》	日本語

国名の Japan [ヤーパン]「日本」と同じように日常会話ではふつう無冠詞で用います．

Das《ダス》 ist《イスト》 schön《シェーン》!	それはいいや！

形容詞の schön「美しい」には，「結構な」という意味もあります．

いろいろな表現

Track 49

Können Sie mir bitte helfen?

A : Können《ケンネン》 Sie《ズィー》 mir《ミーア》 bitte《ビッテ》 helfen?《ヘルフェン》	(私に)手をかして下さいませんか？
B : Ja,《ヤー》 gern!《ゲルン》	ええ，喜んで！

これは，ダイアローグとは逆に人から手を借りる場合です．向こうの生活に慣れないうちは，こちらを使うことの方が多いでしょう．

＊日本語の「～を手伝う」から類推して，helfen にも直接目的格 mich を結び付けてしまいがちですが，どの格をとるかは動詞ごとに決まっています．helfen は間接目的格 mir と結び付きます．「～に手をかす」と考えると，ピッタリ合いますね．

Sprechen Sie Englisch?

A : Sprechen《シュプレッヒェン》 Sie《ズィー》 Englisch?《エングリッシュ》	英語を話しますか？
B : Ja,《ヤー》 ich《イヒ》 spreche《シュプレッヒェ》 etwas《エトヴァス》 Englisch.《エングリッシュ》	ええ，少し英語を話します．

ドイツ語では［イングリッシュ］ではなく，［エングリッシュ］と発音します．

＊その他の言語

Französisch	［フランツェーズィッシュ］	フランス語
Italienisch	［イタリエーニッシュ］	イタリア語
Spanisch	［シュパーニッシュ］	スペイン語
Russisch	［ルッスィッシュ］	ロシア語
Chinesisch	［ヒネーズィッシュ］	中国語
Koreanisch	［コレアーニッシュ］	韓国語

助動詞の使い方を学びましょう!

助動詞を使うとき注意しなければならない点は次の２点です.

ポイント 1　本動詞は文末に置きます.

ポイント 2　人称によって助動詞のみ変化させます.

Track 50

主語 文頭	＋	助動詞 ２番目	＋	目的語や副詞など, その他の文成分	＋	本動詞 文末
Ich《イヒ》		kann《カン》		Japanisch《ヤパーニッシュ》		sprechen.《シュプレッヒェン》

私は日本語を話すことができます.

疑問文の場合は，主語と助動詞が倒置します.

Können	Sie	Japanisch	sprechen?

あなたは日本語を話すことができますか?

Dialog
11

えっ，なんとおっしゃいましたか？

Wie bitte?

Track 51

Kenji **Was《ヴァス》 machen《マッヘン》 Sie《ズィー》 heute《ホイテ》 Abend?《アーベント》**

Monika **Ich《イヒ》 gehe《ゲーエ》 allein《アライン》 ins《インス》 Kino.《キーノ》**

Kenji **Wie《ヴィー》 bitte?《ビッテ》**

Monika **Ins《インス》 Kino.《キーノ》**

公園で

賢治　今晩はなにをなさるんですか？

モニカ　ひとりで映画を観に行くの.

賢治　えっ，なんとおっしゃいましたか？

モニカ　映画ですよ.

allein《アライン》	ひとりで

副詞．**zusammen**「一緒に」（⇨会話 9）と対にして覚えましょう．

ins《インス》 **Kino**《キーノ》	映画館へ

会話の 6 の **ins Café** と同様に，この文脈での前置詞 **in** は，**Kino**［キーノ］「映画，映画館」と結び付く時も **ins**［インス］の形になります．
ちなみに会話の 1 で扱った **Wie komme ich zu** … の前置詞 **zu** は，《目標物への到達》に重点をおきます．比較してみましょう．

Ich gehe ins Kino.　映画を観に行きます．

Ich gehe zum Kino.　映画館（という建物）へ行きます．

＊前置詞 **zu** は，**Kino** と結びつく時は **zum**［ツム］になります．**zum** とは，**zu** と定冠詞 **dem** が結び付いた結合形です（⇨文法）．

ins Kino は，映画鑑賞をするという本来の目的のために当該建築物の中へ入ることを意味しますが，映画を観終えた人を迎えに行くとか，なにかの所用でその映画館へ行くような場合は **zu** を用います．

Wie《ヴィー》 **bitte?**《ビッテ》	えっ，なんとおっしゃいましたか？

相手の言うことが分からなくても話の腰を折りたくないという気配りから，ついうなずいて分かったふりをしてしまうことがあります．これも日本的な謙譲精神でしょうが誤解も生みます．欧米では，今一度聞き返すのが《美しい一手を備えた人》だ，と心得ましょう．そのような人を備美手［ヴィー　ビッテ］の人と言います．

いろいろな表現

Track 52

Wir gehen zusammen ins Konzert.

A : Was《ヴァス》 machen《マッヘン》 Sie《ズィー》 morgen《モルゲン》?

あなた方は明日何をなさるんですか？

B : Wir《ヴィーア》 gehen《ゲーエン》 zusammen《ツザンメン》 ins《インス》 Konzert《コンツェルト》.

ぼくたちは一緒に音楽会に行きます.

＊２人称敬称の **Sie** は，単数形の「あなた」という意味だけでなく，「あなた方」という複数形でも用いられます.

Ich gehe heute ins Theater.

A : Ich《イヒ》 gehe《ゲーエ》 heute《ホイテ》 ins《インス》 Theater《テアーター》.

今日，芝居を観に行くんだ.

B : Viel《フィール》 Spaß《シュパース》!

大いに楽しんでらっしゃい！

ins Kino gehen「映画を観に行く」と同じ考え方で用いられる同類表現には次のようなものがあります．慣用的な表現として覚えましょう.

ins《インス》 Konzert《コンツェルト》 gehen《ゲーエン》	音楽会に行く
ins《インス》 Theater《テアーター》 gehen《ゲーエン》	芝居を観に行く
ins《インス》 Museum《ムゼーウム》 gehen《ゲーエン》	博物館を見学する

前置詞 **in** は，**Konzert**「音楽会」，**Theater**「劇場，芝居」と結び付く時もここでは **ins**［インス］の形になります.
Viel Spaß! は，演芸など，何かの《お楽しみ》に出かける人に対して言う決まり文句です.

「〜に行く！」（よく使う言い回し）

タイプ 1　趣味・娯楽など

主語	＋	gehen	＋	副詞などのその他の文成分	＋	ins	＋	Kino. [キーノ] Konzert. [コンツェルト] Theater. [テアーター] Museum. [ムゼーウム]

タイプ 2　（⇨会話 6）　飲食店など

主語	＋	gehen	＋	副詞などのその他の文成分	＋	ins	＋	Café. [カフェー] Restaurant. [レストラーン]

名詞が **Post** 及び **Bahnhof** の場合は，切手を買ったり，電車に乗るといった，主たる目的のためであっても慣用的には前置詞 **zu** を用います．建物の中へ入るという点が特に強調される場合にのみ **in** を用います．

Track 53

Ich《イヒ》 gehe《ゲーエ》 zur《ツア》 Post《ポスト》.　郵便局へ行きます．

Ich《イヒ》 gehe《ゲーエ》 zum《ツム》 Bahnhof《バーンホーフ》.　駅へ行きます．

Dialog 12

サクランボはあるかしら？

Haben Sie Kirschen?

Track 54

Verkäufer **Was《ヴァス》 wünschen《ヴュンシェン》 Sie《ズィー》?**

Monika **Haben《ハーベン》 Sie《ズィー》 Kirschen《キルシェン》?**

Verkäufer **Leider《ライダー》 nicht《ニヒト》, aber《アーバー》 Erdbeeren《エーアトベーレン》 aus《アオス》 Italien《イターリエン》.**

Monika **Gut《グート》, geben《ゲーベン》 Sie《ズィー》 mir《ミーア》 bitte《ビッテ》 ein《アイン》 Kilo《キーロ》!**

市場で

店員　何を差し上げましょう？
モニカ　サクランボはあるかしら？
店員　あいにくないね，でもイタリア産のイチゴならあるよ．
モニカ　いいわ，１キロ下さいな！

Verkäufer《フェアコイファー》	店員

これは《男性》の店員です．《女性》の店員は **Verkäuferin** [フェアコイフェリン] と言います．**in** を付けることによって，当該人物が女性であることを表します．

例：「教師」　⇨　**Lehrer** [レーラー]
　　「女性の教師」　⇨　**Lehrerin** [レーレリン]

Was《ヴァス》 **wünschen**《ヴュンシェン》 **Sie**《ズィー》**?**	何を差し上げましょう？

同類表現として，**Sie wünschen bitte?** [ズィー　ヴュンシェン　ビッテ] と言うこともあります．

Kirschen《キルシェン》	サクランボ

Kirschen は複数形，単数形は **Kirsche** [キルシェ] となります．ダイアローグの文例が無冠詞で複数形になっているのは，《その》と，指定されたサクランボではなく，《不特定多数》のサクランボが対象になっているからです．次の文を比較してみて下さい．

1.《ネコは好きだ.》	対象	不特定多数のネコ	⇨	無冠詞＋複数で
2.《そのネコは好きだ.》	対象	特定されたネコ	⇨	冠詞＋単数で

Erdbeeren《エーアトベーレン》	イチゴ

複数形で [**エ**ーアトベーレン] と発音します．単数形は **Erdbeere** [エーアトベーレ] と言います．

いろいろな表現

Track 55

Was kostet das?

A : Was《ヴァス》 kostet《コステット》 das《ダス》?　いくらですか？

B : Das《ダス》 kostet《コステット》 drei《ドライ》 Euro《オイロ》.　3ユーロです.

品物は，たいてい値段表示されていますが，確認する意味でも「いくら?」と聞いてみるといいでしょう．なお，1ユーロは 100 セント（**Cent** [ツェント，セント]）です.

また，**das** を具体的な数量に置き換えて言うこともできます.

Ein《アイン》 Pfund《プフント》 kostet《コステット》 zwei《ツヴァイ》 Euro《オイロ》.　1ポンド（=500g）2ユーロです.

Ein《アイン》 Kilo《キーロ》 kostet《コステット》 sieben《ズィーベン》 Euro《オイロ》.　1キロ7ユーロです.

＊**ein** は不定冠詞で「ひとつ」を表します（⇨文法）.

Nein, das ist alles.

A : Sonst《ゾンスト》 noch《ノホ》 etwas《エトヴァス》?　他に何か（お入り用のものは）？

B : Nein《ナイン》, das《ダス》 ist《イスト》 alles《アレス》.　いや，これで全部です.

Sonst noch etwas? [ゾンスト　ノホ　エトヴァス] とは，店員が言う決まり文句で，**sonst** は「その他に」，**noch** は「さらに」を意味する副詞です．**etwas** は英語の *something* に当たります.

まだ入り用のものがあるなら，**Haben Sie …?** か **Geben Sie mir bitte …!** と続けますが，もう十分なら **Das ist alles.** [ダス　イスト　アレス] と締めくくります．この言い方を知らないと，つい必要のないものまで買うはめになってしまうかもしれません.

複数形の作り方！

ドイツ語の複数形は，それぞれの名詞に従ってさまざまな語尾をとります．それを分類してみると4つのタイプになります(⇨文法)．ちなみにダイアローグの **Erdbeeren** と **Kirschen** は《**-(e)n** 語尾が付くタイプ》に属します。英語の複数形が **-(e)s** だけで事足りたのとは大違いですね．
でもご心配なく！ 複数形は，それぞれのタイプごとに暗記しなければならないというものではなく，最低限度，必要な場合にのみ辞書に当たって確認する程度で十分です．

ポイント ⇨

1．《語尾の付かないタイプ》
2．《**-e** が付くタイプ》
3．《**-er** が付くタイプ》
4．《**-(e)n** が付くタイプ》

＊この4つのタイプ以外に英語のように **-s** が付く外来語系の名詞もあります。

die Kamera《カメラ》（単数形） ⇨ **die Kameras**《カメラス》（複数形）　カメラ

Dialog 13

ウルムへの切符を1枚いただきたいのですが.

Ich hätte gern eine Fahrkarte nach Ulm.

Track 56

Kenji **Ich《イヒ》 hätte《ヘッテ》 gern《ゲルン》 eine《アイネ》 Fahrkarte《ファールカルテ》 nach《ナーハ》 Ulm.《ウルム》**

Bahnangestellte **Einfach《アインファハ》 oder《オーダー》 hin《ヒン》 und《ウント》 zurück?《ツリュック》**

Kenji **Hin《ヒン》 und《ウント》 zurück,《ツリュック》 bitte.《ビッテ》**

Bahnangestellte **Wann《ヴァン》 möchten《メヒテン》 Sie《ズィー》 abfahren?《アップファーレン》**

駅の窓口で

賢治　ウルムへの切符を１枚いただきたいのですが.

駅員　片道それとも往復？

賢治　往復，お願いします.

駅員　いつ出発したいんですか？

Ich《イヒ》 hätte《ヘッテ》 gern《ゲルン》 …　～をいただきたいのですが.

hätte は動詞 **haben**「持つ」の特殊な形《接続法》（⇨文法）で，丁寧な依頼などをする時には日常的によく使います．ここでは文法的な面にとらわれずに，**Ich hätte gern** …［イヒ　ヘッテ　ゲルン］を決まり文句として覚えましょう．

eine《アイネ》 Fahrkarte《ファールカルテ》 nach《ナーハ》 Ulm《ウルム》　ウルムへの１枚の切符

eine は「ひとつ」を意味する不定冠詞，**Fahrkarte**［ファールカルテ］は「切符」です．

Einfach《アインファハ》 oder《オーダー》 hin《ヒン》 und《ウント》 zurück《ツリュック》?　片道それとも往復？

乗り物の切符を買う時に使う常套句です。**einfach** は「片道」，**hin und zurück** は「往復」を表します．

Wann《ヴァン》 möchten《メヒテン》 Sie《ズィー》 abfahren《アップファーレン》?　いつ出発したいんですか？

möchten は，**mögen** という助動詞（⇨文法）の《接続法》で丁寧な主張を表します。「～したい」という言い方は，ドイツ語でも日常ひんぱんに使われます．

abfahren は「出発する」という動詞で，助動詞とともに用いられているので文末におきます（⇨会話 10）．

wann［ヴァン］は「いつ」を意味します．

いろいろな表現

Track 57

ダイアローグの例文を使わずにもっと手っ取り早く用件のみで済ませる方法もあります．窓口が混んでいる時などは，特にこの言い方をお勧めします．

Ulm einfach, bitte!

A : Bitte《ビッテ》 schön《シェーン》?　　どうぞ?

B : Ulm《ウルム》 einfach《アインファハ》, bitte《ビッテ》!　　ウルムまで片道，お願いします！

《片道》	行き先 ＋	**einfach** ［アインファハ］	＋	**, bitte!**
《往復》	行き先 ＋	**hin und zurück** ［ヒン　ウント　ツリュック］	＋	**, bitte!**

枚数を伝えたい時は頭に次の語を添えます．

einmal ［アインマール］	**zweimal** ［ツヴァイマール］	**dreimal** ［ドライマール］
1枚	2枚	3枚

Einmal Ulm einfach, bitte!

A : Bitte《ビッテ》 schön《シェーン》?　　どうぞ?

B : Einmal《アインマール》 Ulm《ウルム》 einfach《アインファハ》, bitte《ビッテ》!　　ウルムまで片道1枚，お願いします！

願望の表現

Track 58

ポイント 1 「～をいただきたいのですが」(**Ich hätte gern** … の使い方)

この言い回しは，会話の 8，12 の **Geben Sie mir bitte** …**!** の代わりに使うこともできます．次の 3 つの文を比較してみましょう．

Ich《イヒ》 **hätte**《ヘッテ》 **gern**《ゲルン》 **Erdbeeren.**《エーアトベーレン》　イチゴをいただきたいのですが．

Geben《ゲーベン》 **Sie**《ズィー》 **mir**《ミーア》 **bitte**《ビッテ》 **Erdbeeren.**《エーアトベーレン》　イチゴを下さい．

Erdbeeren《エーアトベーレン》 **bitte!**《ビッテ》　イチゴをお願いします．

ポイント 2 「～したい！」(**möchte** の使い方)

möchte は，日常生活では欠くことのできないとても大切な表現形です．

Ich möchte《メヒテ》……本動詞（文末）.	⇨	私は～したい.
Sie möchten《メヒテン》……本動詞（文末）.	⇨	あなた（方）は～したい.

Ich《イヒ》 **möchte**《メヒテ》 **nach**《ナーハ》 **Wien**《ヴィーン》 **fahren.**《ファーレン》　私はウィーンに行きたい．

Möchten《メヒテン》 **Sie**《ズィー》 **etwas**《エトヴァス》 **trinken?**《トリンケン》　何かお飲みになりますか？

Dialog 14

インターシティー・エクスプレスを利用したいんですか？

Möchten Sie den Intercity Express nehmen?

Track 59

Bahnangestellte **Wann《ヴァン》 möchten《メヒテン》 Sie《ズィー》 abfahren《アップファーレン》?**

Kenji **Heute《ホイテ》 Nachmittag《ナーハミッターク》 zwischen《ツヴィッシェン》 3《ドライ》 und《ウント》 4《フィーア》 Uhr《ウーア》.**

Bahnangestellte **Möchten《メヒテン》 Sie《ズィー》 den《デン》 Intercity《インタースィティー》 Express《エクスプレス》 (ICE) nehmen《ネーメン》?**

Kenji **Nein《ナイン》, der《デア》 ICE《イーツェーエー》 ist《イスト》 zu《ツー》 teuer《トイアー》.**

駅のインフォメーションで

駅員 いつ出発したいんですか？

賢治 今日の午後3時から4時の間.

駅員 インターシティー・エクスプレスを利用したいんですか？

賢治 いや，インターシティー・エクスプレスは高すぎるので.

zwischen《ツヴィッシェン》 **3**《ドライ》 **und**《ウント》 **4**《フィーア》 **Uhr**《ウーア》	3時から4時の間に

Uhr［ウーア］は「〜時」を表す名詞で数字に添えます。**zwischen**［ツヴィッシェン］は前置詞でよく次の形で使われます．3は［ドライ］，4は［フィーア］と発音します．

zwischen《ツヴィッシェン》 **A**《アー》 **und**《ウント》 **B**《ベー》	AとBの間に(で)

Intercity《インタースィティー》 **Express**《エクスプレス》 **(ICE)**《イーツェーエー》	インターシティー・エクスプレス

インターシティー・エクスプレスは，最高時速300キロのドイツの新幹線です．**den** は定冠詞です（⇨文法）．

nehmen《ネーメン》	利用する

この場合の **nehmen** は「利用する／乗る」という意味で用いられます．

zu《ツー》 **teuer**《トイアー》	高すぎる

zu は副詞で，形容詞や副詞に添えられ「〜すぎる」の意味を付け加えます．**teuer**［トイアー］「高い」は形容詞です．

いろいろな表現

Track 60

ICE やインターシティー（**IC**）などの特急には1等と2等の区別があります．窓口では，どちらにするのか聞かれますので，1等なら **erste Klasse** [エーアステ　クラッセ]，2等なら **zweite Klasse** [ツヴァイテ　クラッセ] と答えます．

Zweite Klasse, bitte!

A : Welche《ヴェルヒェ》 Klasse?《クラッセ》　　何等ですか？

B : Zweite《ツヴァイテ》 Klasse,《クラッセ》 bitte!《ビッテ》　　2等をお願いします！

予約席以外は，コンパートメントに一人でも人がいれば声をかけるのがエチケットです．これは映画館などの横並びの席や，食堂の相席の場合も同様です．

Ist hier frei?

A : Ist《イスト》 hier《ヒーア》 frei?《フライ》　　ここ空いてますか？

B : Nein,《ナイン》 hier《ヒーア》 ist《イスト》 besetzt.《ベゼッツト》　　いいえ，ここはふさがってます．

frei [フライ] も **besetzt** [ベゼッツト] も形容詞で，それぞれ「空いている」，「ふさがっている」という意味です．

この課のポイント

名詞の格について！

名詞は文中にあって主語や目的語になります．日本語だと，それを「～が，～に，～を」などの助詞によって表すことができますが，ドイツ語の場合は，冠詞の変化（⇨文法）で示します．

《男性名詞の場合》

der《デア》 Mann《マン》 男が	dem《デム》 Mann《マン》 男に	den《デン》 Mann《マン》 男を

Track 61

Der《デア》 Mann《マン》 gibt《ギープト》 dem《デム》 Lehrer《レーラー》 den《デン》 Hut《フート》.　男が先生に帽子を与える.

＊ **gibt** は **geben** の 3 人称単数形，**Lehrer** は「先生」，**Hut** は「帽子」です．

従って，定冠詞の変化は次のようになります．

（定冠詞の変化）		
主格	der ［デア］	＋　男性名詞
間接目的格	dem ［デム］	＋　男性名詞
直接目的格	den ［デン］	＋　男性名詞

Dialog 15

すみませんが，これは私のコートではありません．

Entschuldigen Sie bitte, das ist nicht mein Mantel.

Track 62

Frau **Ihre《イーレ》 Marke《マルケ》, bitte《ビッテ》.**

Kenji **Entschuldigen《エントシュルディゲン》 Sie《ズィー》 bitte《ビッテ》, das《ダス》 ist《イスト》 nicht《ニヒト》 mein《マイン》 Mantel《マンテル》.**

Frau **Moment《モメント》, bitte《ビッテ》.**

Hier《ヒーア》, bitte《ビッテ》 schön《シェーン》.

Ist《イスト》 das《ダス》 Ihr《イーア》 Mantel《マンテル》?

劇場のクロークで

（クローク係の）女性　（クロークの）あなたの番号札をどうぞ．

賢治　すみませんが，これは私のコートではありません．

女性　ちょっとお待ち下さい．

さあ，どうぞ．これはあなたのコートですか？

Ihre《イーレ》 Marke《マルケ》, bitte《ビッテ》.	（クロークの）あなたの番号札をどうぞ

Marke［マルケ］は，食券や番号札，切手を意味する女性名詞です．所有代名詞 **Ihr** は，女性名詞に付けられると **Ihre**［イーレ］の形になります（⇨文法）．

《主格の場合》

Ihr［イーア］＋男性名詞 / 中性名詞	**mein**［マイン］＋男性名詞 / 中性名詞
Ihre［イーレ］＋女性名詞	**meine**［マイネ］＋女性名詞

Moment《モメント》, bitte《ビッテ》.	ちょっと，お待ち下さい

Moment［モメント］は「瞬間」を意味する名詞です．日常よく使われる表現です．

Mantel《マンテル》	コート

男性名詞で，［マンテル］と発音します．

Hier《ヒーア》, bitte《ビッテ》 schön《シェーン》.	さあ，どうぞ.

この場合の **hier**［ヒーア］は，何かものを差し出す時に使います．

いろいろな表現

Track 63

Entschuldigen Sie bitte, die Rechnung stimmt nicht.

A : Entschuldigen《エントシュルディゲン》 Sie《ズィー》 bitte,《ビッテ》 die《ディ》 Rechnung《レヒヌング》 stimmt《シュティムト》 nicht.《ニヒト》 すみませんが，計算が合いません.

B : Moment,《モメント》 bitte.《ビッテ》 ちょっと，お待ち下さい.

買い物をした時やレストランで食事をした後は，店員やウエーターが金額を用紙に書き込みます．それが **Rechnung** [レヒヌング]「勘定(書)，計算」です．客は，その **Rechnung** の金額を支払い，その用紙を領収書としてもらいます．**stimmt** は **stimmen** [シュティンメン]「合う」の 3 人称単数形です.

Entschuldigen Sie bitte, das ist nicht meine Bestellung.

A : Entschuldigen《エントシュルディゲン》 Sie《ズィー》 bitte,《ビッテ》 das《ダス》 ist《イスト》 nicht《ニヒト》 meine《マイネ》 Bestellung.《ベシュテルング》 すみませんが，これは私の注文ではありません.

B : Oh,《オー》 Entschuldigung.《エントシュルディグング》 あっ，すみません.

Bestellung [ベシュテルング] は「注文」を意味する女性名詞です．レストランなどで注文したものと違うものが出てきた場合に上のように言います.

コレ違います！

パターン1	⇨	《劇場やホテルのクローク》	預けたものと違う！
パターン2	⇨	《レストランや売り場》	計算が違う！
パターン3	⇨	《レストランなど》	注文品が違う！

Track 64

Entschuldigen《エントシュルディゲン》 Sie《ズィー》 bitte《ビッテ》, ＋

パターン1 ⇨ **das《ダス》 ist《イスト》 nicht《ニヒト》** mein［マイン］＋男性 / 中性名詞 .

meine［マイネ］＋女性名詞 .

パターン2 ⇨ **die《ディ》 Rechnung《レヒヌング》 stimmt《シュティムト》 nicht《ニヒト》.**

パターン3 ⇨ **das《ダス》 ist《イスト》 nicht《ニヒト》 meine《マイネ》 Bestellung《ベシュテルング》.**

Dialog 16

テニスウエアを探しています．

Ich suche Tenniskleidung.

Track 65

Verkäuferin **Kann《カン》 ich《イヒ》 Ihnen《イーネン》 helfen?《ヘルフェン》**

Kenji **Ich《イヒ》 suche《ズーヘ》 Tenniskleidung,《テニスクライドゥング》 also《アルゾ》 eine《アイネ》 Tennishose,《テニスホーゼ》 ein《アイン》 Tennishemd《テニスヘムト》 und《ウント》 Tennisschuhe.《テニスシューエ》**

Verkäuferin **Tenniskleidung《テニスクライドゥング》 ist《イスト》 da《ダー》 drüben.《ドリューベン》**

デパートで

店員　お手伝いしましょうか？

賢治　テニスウエアを探しています．つまりテニスズボン1本にテニスシャツ1枚，そしてテニスシューズ1足です．

店員　テニスウエアは向こう側にあります．

suche《ズーヘ》	探す

suche は 1 人称単数 **ich** に対応する形です．基本形は **suchen**［ズーヘン］になります．

Tenniskleidung《テニスクライドゥング》	テニスウエア

Kleidung［クライドゥング］は，集合的な意味の「衣服」や「服装」を表し，ふつう単数形で使います．ダイアローグでは，**also**［アルゾ］という副詞に続けて「服装」の中身が具体的に列挙されています．

eine《アイネ》 **Tennishose**《テニスホーゼ》**, ein**《アイン》 **Tennishemd**《テニスヘムト》	テニスズボン 1 本に テニスシャツ 1 枚

ein も **eine** も英語の *a*（あるいは *an*）に当たる不定冠詞で，名詞が《ひとつ》であることを意味します．定冠詞の場合と同様に，男性名詞，女性名詞，中性名詞に従って異なった変化をします（⇨文法）．**Hose**［ホーゼ］は女性名詞，**Hemd**［ヘムト］は中性名詞です．

Tennisschuhe《テニスシューエ》	テニスシューズ 1 足

靴の場合はふつうペアで使用しますので，日本語の「1 足」は，ドイツ語では複数形で表します．ダイアローグでは，《その》テニスシューズ，と限定しているわけではないので冠詞は必要ありません．

いろいろな表現

Track 66

Nehmen wir ein Taxi?

A : Nehmen《ネーメン》 wir《ヴィーア》 ein《アイン》 Taxi《タクスィ》?　　タクシーに乗りましょうか?

B : Ja,《ヤー》 gern《ゲルン》!　　ええ，喜んで！

不特定多数のうちの《1台》のタクシーを利用するので，ここでは不定冠詞を用います.

Kann ich bitte einen Tisch reservieren?

A : Kann《カン》 ich《イヒ》 bitte《ビッテ》 einen《アイネン》 Tisch《ティッシュ》 reservieren《レゼルヴィーレン》?　　(レストランで)テーブルを1つとっておくことができますか.

B : Das《ダス》 ist《イスト》 kein《カイン》 Problem《プロブレーム》.　　それは問題ありませんよ.

reservieren [レゼルヴィーレン] は，席やテーブルを「予約する，空けておく」という意味です．**einen** は，男性名詞の直接目的格に付く形です．**kein** [カイン] は「1つも～ない」という否定詞で名詞に付けて使います．不定冠詞「1つの」を否定するために用います.

この課のポイント

不定冠詞の変化は？

不定冠詞も定冠詞と同様に，名詞に付けられることによって名詞の格を明らかにする働きがあります．ここでは主格と直接目的格の場合を見てみましょう（⇨文法）！

		男性名詞	女性名詞	中性名詞
《主格の場合》	⇨	ein《アイン》	eine《アイネ》	ein
《直接目的格》	⇨	einen《アイネン》	eine	ein

男性名詞と中性名詞の主格には **ein**，女性名詞には **eine** を付けます．直接目的格では，男性名詞に **einen** を付けます．
下の 2 つの例を比べてみましょう．

Track 67

Ein《アイン》 Mann《マン》 ist《イスト》 da《ダー》 drüben《ドリューベン》. 1 人の男が向こう側にいます．

Geben《ゲーベン》 Sie《ズィー》 mir《ミーア》 bitte《ビッテ》 einen《アイネン》 Kaffee《カフェー》! コーヒーを 1 杯下さい！

Dialog
17

この帽子はいかがですか？

Wie gefällt Ihnen der Hut hier?

Track 68

Verkäuferin **Wie《ヴィー》 gefällt《ゲフェルト》 Ihnen《イーネン》 der《デア》 Hut《フート》 hier?《ヒーア》**

Kenji **Na《ナ》 ja,《ヤー》 es《エス》 geht.《ゲート》**

Verkäuferin **Und,《ウント》 der《デーア》 hier?《ヒーア》**

Kenji **Ja,《ヤー》 der《デーア》 ist《イスト》 schön!《シェーン》**

帽子専門店で

（店の）店員　この帽子はいかがですか？
賢治　そうだね，まあまあかな．
店員　それなら，これは？
賢治　ええ，それはいいですね！

Wie《ヴィー》 gefällt《ゲフェルト》 Ihnen《イーネン》 der《デア》 Hut《フート》 hier?《ヒーア》	この帽子はお気に召しますか？

gefällt は **gefallen**［ゲファレン］という動詞の 3 人称単数形（**ファ**が**フェ**に変音）です．間接目的格とともに「(〜の) 気に入る」という意味で使います．

Hut［フート］は縁のある帽子．

Na《ナ》 ja,《ヤー》 es《エス》 geht.《ゲート》	そうだね，まあまあかな.

Na ja! は，ためらいがちに同意したり，譲歩する時などによく聞かれます．**Es geht.** は，「どうなの？」と聞かれた時に「まあまあ」と答える慣用表現で，「ご機嫌いかが？」という挨拶に対しても使います．

Und,《ウント》 der《デーア》 hier?《ヒーア》	それなら，これは？

der は，指示代名詞です．指示代名詞とは，今し方述べられた事物や人を受け，それらの性，数，格に従った変化をするものです（⇨文法）．ここでは **der Hut** を指します．

発音は，定冠詞［デア］として用いる時よりも［デーア］と強く発音します．

男性名詞の場合▷

主格	直接目的格
der《デア》 Hut《フート》 帽子が	**den《デン》 Hut《フート》** 帽子を

⇨

主格	直接目的格
der《デーア》 それが	**den《デーン》** それを

いろいろな表現

Track 69

Kann ich die Jacke anprobieren?

A : Kann《カン》 ich《イヒ》 die《ディ》 Jacke《ヤッケ》 anprobieren?《アンプロビーレン》　このジャケットを試着してもよろしいですか？

B : Bitte《ビッテ》 schön.《シェーン》　どうぞ.

服や靴などのサイズ表示は，日本とドイツではかなり異なります．衣料品店やデパートの売り場では，とりあえず試着してみて自分の寸法に合うものを探して下さい．**Jacke**［ヤッケ］は女性名詞で「ジャケット」，**anprobieren**［アンプロビーレン］は「試着する」という意味です．

Hier ist die Rechnung.

A : Hier《ヒーア》 ist《イスト》 die《ディ》 Rechnung.《レヒヌング》　さあ，請求書です．

Bezahlen《ベツァーレン》 Sie《ズィー》 bitte《ビッテ》 da《ダー》 drüben!《ドリューベン》　どうぞ，あちらでお支払い下さい！

デパートなどの売り場では，品物を店員に渡して代わりに請求書をもらい，所定のカウンターで支払ってからその品物を受け取る，という方法がとられることも多いです．

bezahlen［ベツァーレン］は，**zahlen** と同意語です．

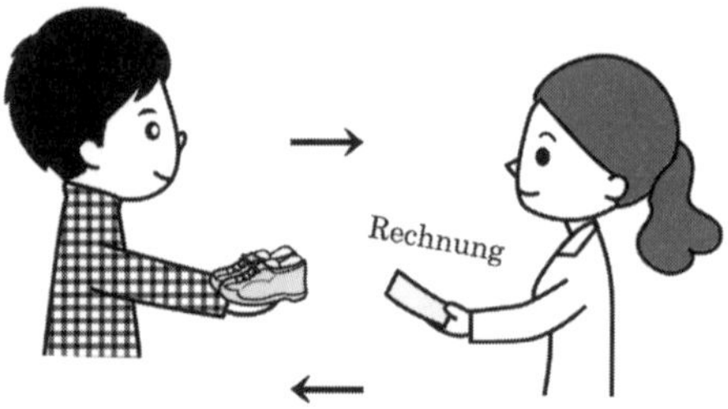

この課のポイント

いかが(お気に召して)？ ── 気に入ってるよ！

gefallen は，日常生活のいろいろな場面でよく耳にする単語です。ただしドイツ語では，間接目的格（**mir**，**Ihnen**）が「気に入る」という行為の主体，主格が行為の及ぶ対象になる，という点に注意して下さい.

Track 70

主格(**A**)が3人称単数形の場合

Wie《ヴィー》 **gefällt**《ゲフェルト》 **Ihnen**《イーネン》 **A**《アー》**?**　あなたは，Aがお気に召しますか？

A《アー》 **gefällt**《ゲフェルト》 **mir**《ミーア》**.**　私は，Aが気に入る.

Aの替わりに次の単語を挿入して練習してみましょう！

A　⇨　die Katze（その猫）　⇨　「その猫が気に入る」

A　⇨　das Buch（その本）　⇨　「その本が気に入る」

A　⇨　der Film（その映画）　⇨　「その映画が気に入る」

Dialog

18

予約してます.

Ich habe eine Reservierung.

Track 71

Frau **Sie《ズィー》 wünschen《ヴュンシェン》?**

Kenji **Mein《マイン》 Name《ナーメ》 ist《イスト》 Miyazawa《ミヤザワ》.**

Ich《イヒ》 habe《ハーベ》 eine《アイネ》 Reservierung《レゼルヴィールング》.

Frau **Moment《モメント》, bitte《ビッテ》 …《…》 ah《アー》 ja《ヤー》. Ein《アイン》**

Einzelzimmer《アインツェルツィマー》.

Hier《ヒーア》 ist《イスト》 Ihr《イーア》 Zimmerschlüssel《ツィンマーシュリュッセル》.

ホテルのフロントで

（フロント係の）女性　ご用件はなんでしょう？

賢治　ぼくの名前は宮沢です.

予約してます.

女性　ちょっとお待ち下さい…　ああ，はい．シングルひと部屋ですね.

さあ，ルームキーです.

Sie《ズィー》 **wünschen?**《ヴュンシェン》	ご用件はなんでしょう？

Was wünschen Sie? と同じ意味の慣用表現です．レストランや売り場，ホテルなど，使われるそれぞれの場面に応じて，「何を差し上げましょう？」とか「いらっしゃいませ」，あるいは「ご用件はなんでしょう？」などとなります．

Ich《イヒ》 **habe**《ハーベ》 **eine**《アイネ》 **Reservierung.**《レゼルヴィールング》	予約してます.

Reservierung は「予約してある状態」を表す女性名詞です．

ah《アー》 **ja**《ヤー》	ああ，はい.

ah［アー / ア］は《驚き》や《喜び》，《納得》を表す間投詞です．ちなみに，「なるほど，そうか！」と納得したときにドイツ人はよく **Ah so!**［ア　ソー］と言いますが，これがまた日本語の「あっ，そう」に似ています．聞く度にドイツ語に親しみを感じるようになるでしょう．

ein《アイン》 **Einzelzimmer**《アインツェルツィマー》	シングルひと部屋

シングルルームは **Einzelzimmer**［アインツェルツィマー］，二人部屋は **Doppelzimmer**［ドッペルツィマー］といいます．**Zimmer**［ツィンマー］は「部屋」に当たる中性名詞です．これに **Schlüssel**［シュリュッセル］「鍵」という男性名詞がつくと，**Zimmerschlüssel**［ツィンマーシュリュッセル］という複合語になります．
なお，**Doppelzimmer** はホテルによってベッドがダブルベッドだったり，ツインベッドだったりします．ツインルームには **Zweibettzimmer**［ツヴァイベットツィマー］という言い方もあります．

いろいろな表現

Track 72

Mit Dusche, bitte.

A : Mit《ミット》 Bad《バート》 oder《オーダー》 mit《ミット》 Dusche《ドゥッシェ》?　バス付き，それともシャワー付きですか？

B : Mit《ミット》 Dusche《ドゥッシェ》, bitte《ビッテ》.　シャワー付きをお願いします．

これは観光案内所で予約するのであれ，フロントであれ，必ず聞かれる質問です．当地では，ツインはバス付き，シングルはシャワーのみ，というのがだいたいの目安になります．**mit**［ミット］は前置詞で「～の付いた」という意味，**Bad**［バート］は「バス」，**Dusche**［ドゥッシェ］は「シャワー」を意味する名詞です．

Ich hätte gern ein Doppelzimmer.

A : Sie《ズィー》 wünschen《ヴュンシェン》?　ご用件はなんでしょう？

B : Ich《イヒ》 hätte《ヘッテ》 gern《ゲルン》 ein《アイン》 Doppelzimmer《ドッペルツィマー》.　ツインルーム１つお願いしたいんですが．

シングルルームやツインルームなどの他にも，便利な単語を挙げてみました．

Empfang［エンプファング］	フロント
Reisepass［ライゼパス］	パスポート
Meldezettel［メルデツェッテル］	（チェックイン時の）記入用紙

この課のポイント

ホテルのフロントに着いたら…!?

Track 73 さあ，ホテルのフロントに着いたら次の手順で希望する部屋を借りましょう.

＊ダイアローグでは省略しましたが，ふつうは **Meldezettel** に住所，氏名，パスポートナンバーなどを記入しなければなりません.

《旅行会社や観光案内所を通じてすでに予約してある場合》

1	名乗る	**Mein Name ist …**
2	予約してある旨伝える	**Ich habe eine Reservierung.**
3	**Meldezettel** に記入する	

《予約していない場合》

1	空き部屋をたずねる	**Haben Sie ein Zimmer frei?**
2	シングルかツインか伝える（その時値段も確認する！）	**Ich hätte gern …**
3	**Meldezettel** に記入する	

民宿風の安いホテルでは，往来から見えるように次のような表示がしてありますので，街を散策しながら探してみるのも楽しいものです.

Zimmer frei ［ツィンマー　フライ］	空き室あり
Besetzt ［ベゼッツト］	満室

Dialog 19

朝食は7時からです.

Es gibt Frühstück ab 7 Uhr.

Track 74

Frau **Hätten《ヘッテン》 Sie《ズィー》 gern《ゲルン》 ein《アイン》 Frühstück《フリューシュテュック》?**

Kenji **Ja《ヤー》, gern《ゲルン》.**

Frau **Es《エス》 gibt《ギープト》 Frühstück《フリューシュテュック》 ab《アップ》 7《ズィーベン》 Uhr《ウーア》.**

Das《ダス》 kostet《コステット》 aber《アーバー》 8《アハト》 Euro《オイロ》 extra《エクストラ》.

ホテルのフロントで

（フロント係の）女性　朝食はお付けしましょうか？

賢治　ええ，お願いします.

女性　朝食は7時からです.

別に8ユーロかかります.

Hätten《ヘッテン》 Sie《ズィー》 gern《ゲルン》 ein《アイン》 Frühstück《フリューシュテュック》?	朝食はお付けしましょうか？

Ich hätte gern …「〜をいただきたいのですが」(⇨会話 13）という言い回しを使って人に尋ねる場合はどうしたらいいのでしょうか？1 人称を 2 人称にかえ，疑問文の形にします．

Hätten《ヘッテン》 Sie《ズィー》 gern《ゲルン》 ＋ 目的語？　　〜はいかがですか？

Es《エス》 gibt《ギープト》 Frühstück《フリューシュテュック》 ab《アップ》 7《ズィーベン》 Uhr《ウーア》.	朝食は７時からです

Es gibt は，非人称熟語で「〜があります」という意味で用います．その際，存在する《もの》ないし生ずる《こと》が直接目的格になる，という点に注意しましょう．

Es《エス》 gibt《ギープト》 ＋ 直接目的格	〜があります

Frühstück [フリューシュテュック] は中性名詞で「朝食」，**ab** [アップ] は前置詞で「〜から」を意味します．7 は，[ズィーベン] と発音します．

extra《エクストラ》	別に，特別に

日本語でも外来語として使うことがありますが，ドイツ語では「エキストラ」ではなく，[エクストラ] と発音します．
aber は「でも／しかし」という意味, 8 の発音は [アハト] になります．

いろいろな表現

Track 75

Entschuldigen Sie bitte, wo gibt es hier einen Taxistand?

A : Entschuldigen《エントシュルディゲン》 Sie《ズィー》 bitte《ビッテ》, wo《ヴォー》 gibt《ギープト》 es《エス》 hier《ヒーア》 einen《アイネン》 Taxistand《タクスィシュタント》?
すみませんが，ここではタクシー乗り場はどこにありますか？

B : Der《デア》 Taxistand《タクスィシュタント》 ist《イスト》 da《ダー》 drüben《ドリューベン》.
タクシー乗り場は向こう側にあります.

Taxistand [タクスィシュタント] は男性名詞で「タクシー乗り場」のことです．ドイツでは，基本的に《流し》のタクシーはありません．タクシー乗り場が近くになければ，カフェーなどに入って一服してる間にウエーターに呼んでもらうというのも一案です．

Entschuldigen Sie bitte, wo gibt es hier eine Toilette?

A : Entschuldigen《エントシュルディゲン》 Sie《ズィー》 bitte《ビッテ》, wo《ヴォー》 gibt《ギープト》 es《エス》 hier《ヒーア》 eine《アイネ》 Toilette《トアレッテ》?
すみませんが，トイレはどこにありますか？

B : Die《ディ》 Toilette《トアレッテ》 ist《イスト》 da《ダー》 drüben《ドリューベン》.
トイレは向こう側にあります.

Toilette [トアレッテ] は女性名詞で「トイレ」を意味します．

～があります！（Es gibt ... の使い方）

非人称熟語 **es gibt** の **es** は，本来，《神》や《天然》などを表しているのだと考えられています．「神が～を与えたまう」の意味が転化して，「～があります」という熟語になりました．動詞 **geben**「与える」が他動詞なので文法上は直接目的格をとります．**gibt** は，**geben** の 3 人称単数形です．

Track 76

Es《エス》 gibt《ギープト》 hier《ヒーア》 einen《アイネン》 Parkplatz.《パルクプラッツ》

4 格

ここに駐車場が 1 つあります．

「**その**…は，～にあります」というように対象が特定された場合には，**es gibt** は使うことができません．次の 2 つの文を比較してみましょう．

（正）**Mein《マイン》 Auto《アオト》 ist《イスト》 da《ダー》 drüben.《ドリューベン》** 私の自動車は向こう側にあります．

（誤）**Es gibt mein Auto da drüben.**

Dialog 20

それはいい考えだわ！

Das ist eine gute Idee!

Track 77

Kenji **Hier《ヒーア》 nehme《ネーメ》 ich《イヒ》 ein《アイン》 Taxi.《タクスィ》**

Monika **Das《ダス》 ist《イスト》 eine《アイネ》 gute《グーテ》 Idee!《イデー》**

Kenji **Also,《アルゾ》 ich《イヒ》 wünsche《ヴュンシェ》 Ihnen《イーネン》 ein《アイン》 schönes《シェーネス》 Wochenende!《ヴォッヘンエンデ》**

Monika **Danke,《ダンケ》 gleichfalls!《グライヒファルス》**

カフェの前で，別れ際に

賢治　ここでタクシーに乗ります.

モニカ　それはいい考えだわ！

賢治　じゃあ，楽しい週末をお過ごし下さい！

モニカ　ありがとう，あなたもね！

Das《ダス》 ist《イスト》 eine《アイネ》 gute《グーテ》 Idee《イデー》!	それはいい考えだ！

これは日常よく使われる言い回しです。**Idee**［イデー］は女性名詞で「考え，思いつき」を意味します．**gute** は形容詞 **gut** の語尾変化した形です（⇨文法）．形容詞には，「花は美しいです」というような使い方と，「美しい花は～」と名詞に付ける使い方の２通りがありますが，語尾変化するのは後者の場合です．前者を《述語的用法》，後者を《付加語的用法》といいます．

Also《アルゾ》, ich《イヒ》 wünsche《ヴュンシェ》 Ihnen《イーネン》 ...!	じゃあ，～をお過ごし下さい！

also は副詞で，「じゃあ，後でね」「じゃあ，いいよ」など，口語表現の中でよく使われます（⇨会話 3）．下の言い回しは，直接目的語を替えるだけでいろいろな場面に役立ちます．

Ich《イヒ》 wünsche《ヴュンシェ》 Ihnen《イーネン》 ＋ 直接目的語（幸運・成功など）
私は，あなたに～をお祈りします．

ein《アイン》 schönes《シェーネス》 Wochenende《ヴォッヘンエンデ》	楽しい週末

schönes は，**schön**［シェーン］「楽しい」の語尾変化した形，**Wochenende**「週末」は中性名詞です．

Danke《ダンケ》, gleichfalls《グライヒファルス》!	ありがとう，あなたも（ご同様に）ね！

gleichfalls は副詞で，「同様に」を意味します．

いろいろな表現

Track 78

Haben Sie ein preiswertes Zimmer?

A : Haben《ハーベン》 Sie《ズィー》 ein《アイン》 preiswertes《プライスヴェーアテス》 Zimmer《ツィンマー》? 割安な部屋はありますか？

B : Moment《モメント》, bitte《ビッテ》. 少々お待ち下さい.

preiswertes ［プライスヴェーアテス］は **Zimmer** を修飾する形容詞です．語尾変化する前の形は **preiswert** ［プライスヴェーアト］です．スーパーなどでは, **preiswert!**「お買い得」と書かれた朱色のシールが貼られた品物をよく目にします.

Ich wünsche Ihnen eine gute Reise.

A : Ich《イヒ》 wünsche《ヴュンシェ》 Ihnen《イーネン》 eine《アイネ》 gute《グーテ》 Reise《ライゼ》. 良いご旅行をお祈りします.

B : Danke《ダンケ》 schön《シェーン》! どうもありがとう！

旅行などに出かける人に言う決まり文句です．**gute** ［グーテ］は **gut** ［グート］の語尾変化した形です．**Reise** ［ライゼ］は女性名詞で「旅行」という意味です.

月の言い方

Januar《ヤヌアール》	Februar《フェーブルアール》	März《メルツ》	April《アプリル》	Mai《マイ》	Juni《ユーニ》
1月	2月	3月	4月	5月	6月
Juli《ユーリ》	August《アオグスト》	September《ゼプテンバー》	Oktober《オクトーバー》	November《ノーヴェンバー》	Dezember《デツェンバー》
7月	8月	9月	10月	11月	12月

＊ 月に **im** ［イム］を付けて **im Januar** ［イム ヤヌアール］（「1月に」）のように使います.

Weihnachten《ヴァイナハテン》
クリスマス

この課のポイント

形容詞について

述語的用法	sein「～です」とともに用いられる場合 辞書にのっている基本の形
付加語的用法	名詞の前に付く場合 名詞の性，数，格によって語尾が変化する.

語尾変化の仕方は文法編に譲るとして，ここでは日常よく使われる例文を覚えましょう！

Track 79

Ich《イヒ》 **wünsche**《ヴュンシェ》 **Ihnen**《イーネン》

不定冠詞 ＋ 形容詞 ＋ 中性名詞（直接目的格）

ein《アイン》 schön**es**《シェーネス》 Wochenende.《ヴォッヘンエンデ》

不定冠詞 ＋ 形容詞 ＋ 女性名詞（直接目的格）

eine《アイネ》 gut**e**《グーテ》 Reise.《ライゼ》

太字が語尾

名詞が男性名詞の場合は次の形になります.

Ich《イヒ》 **wünsche**《ヴュンシェ》 **Ihnen**《イーネン》

不定冠詞 ＋ 形容詞 ＋ 男性名詞（直接目的格）

einen《アイネン》 schön**en**《シェーネン》 Tag.《ターク》

「良い一日になりますように.」

何時ですか？

Track 80

Wie《ヴィー》 viel《フィール》 Uhr《ウーア》 ist《イスト》 es?《エス》

wie viel は「どれくらい」を表す疑問副詞＋形容詞，**Uhr** は「～時」を表す名詞です．

Wie spät ist es? [ヴィー シュペート イスト エス] という言い方もあります．

ちなみに1時から12時までの読み方は次のようになります．

1時

ein《アイン》 Uhr《ウーア》

2時

zwei《ツヴァイ》 Uhr《ウーア》

3時

drei《ドライ》 Uhr《ウーア》

4時

vier《フィーア》 Uhr《ウーア》

5時

fünf《フュンフ》 Uhr《ウーア》

6時

sechs《ゼクス》 Uhr《ウーア》

7時

sieben《ズィーベン》 Uhr《ウーア》

8時

acht《アハト》 Uhr《ウーア》

9時

neun《ノイン》 Uhr《ウーア》

10時

zehn《ツェーン》 Uhr《ウーア》

11時

elf《エルフ》 Uhr《ウーア》

12時

zwölf《ツヴェルフ》 Uhr《ウーア》

「～時です」を表現するには，**es ist** [エス イスト] をつけ，**Es ist drei Uhr.** [エス イスト ドライ ウーア]「3時です」のように言います．

III

文法編

文法編

1　ドイツ語のアルファベットと発音

Track 81

アルファベット

文字

読み方

A	B	C	D	E	F	G	H	I	J
a	b	c	d	e	f	g	h	i	j
アー	ベー	ツェー	デー	エー	エフ	ゲー	ハー	イー	ヨット
K	L	M	N	O	P	Q	R	S	T
k	l	m	n	o	p	q	r	s	t
カー	エル	エム	エン	オー	ペー	クー	エル	エス	テー
U	V	W	X	Y	Z				
u	v	w	x	y	z				
ウー	ファオ	ヴェー	イクス	ユプスィロン	ツェット				

ここまでは
英語と同じ文字

この４つは
ドイツ語特有の文字

Ä	Ö	Ü	
ä	ö	ü	ß
アーウムラオト	オーウムラオト	ウーウムラオト	エスツェット

発音

「ドイツ語って，見たこともない文字もあるし，発音も難しそう?!」——いいえ，決してそんなことはありません．大かたローマ字式に読みますし，単語のアクセントもほとんどが語頭にあるので楽なものです．この２つの大原則のほかに，いくつかの発音のポイントをチェックしてみましょう．

大原則

1　大かたローマ字式に読みます．
2　アクセントは主に第１音節にあります．

Track 82

ポイント ▶ 1

母音は，子音1つの前では長く，2つ以上の前では短く発音します．

Name［ナーメ］「名前」/ Mann［マン］「男」

ポイント ▶ 2

ä, ö, ü を「変母音」と言い，次のように発音します．ä は日本語ではっきりと［エ！］という感じに似ています．ö と ü は唇をドーナツ型にして，それぞれ ö は［エ］，ü は［イ］と発音します．
ö の顔（¨ は目，o は口）で［エ］，ü の顔で［イ］と想像して下さい．順に［エ］［エ］［ユ］と覚えておくといいでしょう．

Kälte［ケルテ］「寒さ」/ Öl［エール］「油」/
Müll［ミュル］「ゴミ」

ポイント ▶ 3

母音 + h ⇨ 母音は長音

gehen［ゲーエン］「行く」

ポイント ▶ 4

母音 + 母音（同じ母音）⇨ 長音

Tee［テー］「茶」

ポイント ▶ 5

語末の + -er / -r ⇨ ［ア（ー）］

Kinder［キンダー］「子供達」/ er［エア］「彼」

ポイント ▶ 6

ei ⇨［アイ］/ ie ⇨［イー］

nein［ナイン］「いいえ」/ Bier［ビーア］「ビール」

ポイント ▶ 7

eu / äu ⇨［オイ］

neu［ノイ］「新しい」/ Gebäude［ゲボイデ］「建物」

ポイント ▶ 8

語末にある b，d，g は，濁らずに p，t，k［プッ！，トゥッ！，クッ！］と発音します．［ッ！］は空気を吐き出す時の音です．発音表記では便宜的に［ッ！］を略します．

ab［アップ］「離れて」/ Mund［ムント］「口」/

Zug［ツーク］「列車」

ポイント ▶ 9

ch の発音は，a + ch ⇨［ハ］/ u + ch ⇨［フ］/ o + ch ⇨［ホ］となり，これ以外では［ヒ］と発音します．

Acht［アハト］「注意」/ Buch［ブーフ］「本」/

Koch［コホ］「コック」/ ich［イヒ］「私」

ポイント ▶ 10

sch ⇨［シュ］/ tsch ⇨［チュ］

Hirsch［ヒルシュ］「シカ」/ Deutsch［ドイチュ］「ドイツ語」

ポイント ▶ 11

語頭の sp ⇨［シュプ］/ 語頭の st ⇨［シュト］

sprechen［シュプレッヒェン］「話す」/ Straße［シュトラーセ］「道路」

ポイント ▶ 12

ds / ts / tz ⇨［ツ］

abends［アーベンツ］「晩に」/ stets［シュテーツ］「いつも」/

Katze［カッツェ］「ネコ」

2 文法

1 まずは人称代名詞から！

人称代名詞は，話し手や話しかけられる相手，あるいはその両者の間で話題になっている人や事物を区別するのに使います．1人称，2人称，3人称があります．

		《単数形の場合》		《複数形の場合》	
話し手	1人称	私は	**ich**《イヒ》	私たちは	**wir**《ヴィーア》
話しかけられる相手	2人称	あなたは	**Sie**《ズィー》	あなた方は	**Sie**《ズィー》
		君は	**du**《ドゥー》	君たちは	**ihr**《イーア》
話題の人物や事物	3人称	彼は	**er**《エア》	彼らは	
		彼女は	**sie**《ズィー》	彼女らは	**sie**《ズィー》
		それは	**es**《エス》	それらは	

ポイント▶ 1 普通，相手を呼ぶには Sie を使います．du は，親子や夫婦，親友などの間柄や，子供などに対して使います．
一般的に Sie を「敬称」，du を「親称」と呼んでいます．

ポイント▶ 2 敬称の Sie のみ頭文字を常に大文字で書きます．また Sie は，単数にも複数にも使います．

2 動詞も変化するの？ ―現在人称変化Ⅰ―

ドイツ語の動詞は，主語の人称と数（単数形か複数形）によって変化します．変化する前の基本の形を不定詞といい，変化したものを定動詞と言います．またドイツ語の不定詞は，語幹と -en（あるいは -n）という語尾からなり，語尾の部分のみ変化します．

不定詞		⇨	定動詞	
	trinken「飲む」 trink ＋ en 語幹　語尾 どの人称とつけましょうか？ それは，《まだ定まらずの 詞《コトバ》》			Ich trinke ... Er trinkt ... Wir trinken ... etc. さあ，決めました！ 《定まったら動かずの 詞《コトバ》》

ポイント ▶ 1 辞書には，不定詞が基本の形として挙げてあります．その基本の単語をいろいろな現実の場面に応じて活用していきます．

ほとんどの動詞には次の語尾をつけます．

不定詞：trinken ［トリンケン］「飲む」　（語幹：trink / 語尾：-en）

人 称		主語	語尾	語尾変化した形	
1人称		ich	-e	ich《イヒ》 trink**e**《トリンケ》	私は飲む
2人称	単	du	-st	du《ドゥー》 trink**st**《トリンクスト》	君は飲む
	数	er		er《エア》	彼は飲む
3人称		sie	-t	sie《ズィー》 trink**t**《トリンクト》	彼女は飲む
		es		es《エス》	それは飲む

人 称		主語	語尾	語尾変化した形	
1人称		wir	-en	wir《ヴィーア》 trink**en**《トリンケン》	私たちは飲む
2人称	複数	ihr	-t	ihr《イーア》 trink**t**《トリンクト》	君たちは飲む
3人称		sie	-en	sie《ズィー》 trink**en**《トリンケン》	彼ら 彼女らは飲む それら

人 称	主語	語尾	語尾変化した形	
2人称(敬称) 単数・複数	Sie	-en	Sie《ズィー》 trink**en**《トリンケン》	あなた あなた方 は飲む

ポイント▶ 2 語尾変化を丸暗記する必要はありません．コミュニケーションの基本は話し手「私」と聞き手「あなた」です．Sie に対応する定動詞は不定詞と同じ形になります．従って，最初は ich に対応する語尾変化 -e さえ覚えておけば事足りるでしょう．

上に示した変化は規則的な動詞の例ですが，不規則な動詞も多数あります．ここでは，普段ひんぱんに用いられる2つの不規則動詞，sein と haben の変化を挙げておきます．

人称	数	主語	不定詞	
			sein《ザイン》 である	haben《ハーベン》 持つ
1人称		ich	bin《ビン》	habe《ハーベ》
2人称	単数	du	bist《ビスト》	hast《ハスト》
3人称		er / sie / es	ist《イスト》	hat《ハット》
1人称		wir	sind《ズィント》	haben《ハーベン》
2人称	複数	ihr	seid《ザイト》	habt《ハープト》
3人称		sie	sind《ズィント》	haben《ハーベン》
2人称 敬称	単数・複数	Sie	sind《ズィント》	haben《ハーベン》

3 割り込みは禁止！ —語順—

《定動詞の正置》

1 平叙文

主語 ＋ 定動詞 ＋ その他の文成分

Ich trinke Bier. ぼくはビールを飲む.

2 主語が「誰が〜」のような疑問詞の場合

主語 ＋ 定動詞 ＋ その他の文成分

Wer trinkt Bier? 誰がビールを飲むの？

《定動詞の倒置》

1 疑問詞がない疑問文の場合

定動詞 ＋ 主語 ＋ その他の文成分

Trinken Sie Bier? ビールを飲みますか？

2 その他の文成分が文頭にきたとき

その他の文成分 ＋ 定動詞 ＋ 主語

Heute trinke ich Bier. 今日は，ビールを飲む.

ポイント ▶ 定動詞に注目して下さい.「疑問詞がない疑問文」以外は，定動詞はすべて2番目に置かれています. これを定形第2位の原則と呼んでいます.

4 名詞の「性，数，格」って何？

ドイツ語の名詞はどれも，男性名詞，女性名詞，中性名詞の3つの性に分類されます. これらの性別は「文法上の性」であって，抽象的な意味の単語や無生物を表す単語にも性の区別があります. 残念ですが，そのつど覚えるしかないものです.

これらの性別は，主に冠詞を付けることによって表します. 従って冠詞にも《男性名詞用》,《女性名詞用》,《中性名詞用》の3つのタイプがあります.

Bahnhof			男性名詞			der（男性名詞用）		der Bahnhof
Post	⇨ 辞書をひく	⇨	女性名詞	⇨ 冠詞を付す	⇨	die（女性名詞用）	⇨	die Post
Museum			中性名詞			das（中性名詞用）		das Museum

さて，名詞が複数形になったときは《複数形用》の定冠詞 die［ディ］を使います．3つのどの性であっても，複数形になれば冠詞は die のみです．ただし，英語の複数形に -s が付いたようにドイツ語の複数形も変化をしますが，ここでは取りあえず置いておき，先へ進みましょう．

der「駅」				「駅」
die「郵便局」	単数形	⇨	複数形	die「郵便局」
das「博物館」				「博物館」

次に《格》です．格とは一体どういうものなのでしょう？
簡単に言うと，**文が作られる時に名詞の働きを決定するもの**と言えます．次の格があります．また，格に関係あるのは特に動詞と前置詞です．

1格：　主格
2格：　（本書でははぶきます）
3格：　間接目的格
4格：　直接目的格

格は主に冠詞の変化によって表されます．またどの格をとるかは，動詞や前置詞ごとに決まっています．例えば trinken「飲む」は4格の目的語をとります．

ポイント ▶　ドイツ語構文は，格が核となる！

5 冠詞も格変化する!!! —単数形—

冠詞は性，数，格を明示する重要な目印になります．冠詞には定冠詞と不定冠詞があります．

§ 定冠詞の場合

代表的な意味：「その」（英語： *the*）

	男性名詞	女性名詞	中性名詞
	Hut《フート》 帽子	Hose《ホーゼ》 ズボン	Hemd《ヘムト》 シャツ
1格	der《デア》 Hut《フート》	die《ディ》 Hose《ホーゼ》	das《ダス》 Hemd《ヘムト》
3格	dem《デム》 Hut《フート》	der《デア》 Hose《ホーゼ》	dem《デム》 Hemd《ヘムト》
4格	den《デン》 Hut《フート》	die《ディ》 Hose《ホーゼ》	das《ダス》 Hemd《ヘムト》

§ 不定冠詞の場合

代表的な意味：「ひとつの / ひとりの」（英語： *a*，*an*）

	男性名詞	女性名詞	中性名詞
1格	ein《アイン》 Hut	eine《アイネ》 Hose	ein《アイン》 Hemd
3格	einem《アイネム》 Hut	einer《アイナー》 Hose	einem《アイネム》 Hemd
4格	einen《アイネン》 Hut	eine《アイネ》 Hose	ein《アイン》 Hemd

次の例文を参考にして下さい.

Der Hut	ist schön.	その帽子はすばらしい.
1格		

Ich kaufe	einen Hut	und	eine Hose	.	帽子をひとつとズボンを1着買います.
	4格		4格		

ポイント ▶ 冠詞の重要な機能に, **性**, **数**, **格**の表示があります.

6 冠詞も格変化する!!! —複数形—

さて, 定冠詞では, 男性名詞に対しては der, 女性名詞に対しては die, 中性名詞に対しては das を付け, またどの性別の名詞も複数形になると die を用いる, とはすでに述べたとおりですが, それはどれも 1 格の場合です. der, die, das が格ごとに変化したように, 複数形用の die も 3 格で den, 4 格で die と変化します.

		男性名詞	女性名詞	中性名詞
単数形	1格	der	die	das
	3格	dem	der	dem
	4格	den	die	das

⇩

複数形	1格	die［ディ］	+ 名詞・複数形（男性，女性，中性）
	3格	den［デン］	
	4格	die［ディ］	

ポイント 1 ▶ ふつうは，1格が基本の形になります．

ポイント 2 ▶ 不定冠詞には複数形がありません．例えば，名詞・複数形の「伯父さん達」に不定冠詞を付けて「ひとりの伯父さん達」と言えるでしょうか？ 理屈から言っても無理がありますね．

次の2つの文を比較してみて下さい．

A：Der Onkel ist da.　伯父さんがそこにいる.
B：Die Onkel sind da.　伯父さん達がそこにいる.

Onkel［オンケル］「伯父」は男性名詞です．B文の die Onkel のみをみると，Onkel が女性名詞であるかのように錯覚してしまいますが，sind が sein の3人称複数形であることから，複数形だと分かります．従って，B文の die は女性名詞用ではなくて，複数形用ということになります．

7 一匹のオオカミと羊たち —名詞の複数形—

さあ，名詞の複数形に付ける定冠詞は1種類（die）だけです．とすると，名詞の複数形自体も英語のように -(e)s ぐらいで足りるのでしょうか？ 残念ながらそうはいきません．
主に次の4種類のタイプに分かれます．また《-(e)n が付くタイプ》以外は，3格でさらに -n を加えます．

《語尾の付かないタイプ》 Onkel のように単数と複数が同じ形のものです．ただし変音するものもあります．

単数	1格	der Onkel《オンケル》 伯父	der Vater《ファーター》 父
		変音しない場合	変音する場合
	1格	die Onkel《オンケル》	die Väter《フェーター》
複数	3格	den Onkel**n**《オンケルン》	den Väter**n**《フェーテルン》
	4格	die Onkel《オンケル》	die Väter《フェーター》

《-e が付くタイプ》 語尾に -e が付きます．やはり変音する場合があります．

単数	1格	das Schaf《シャーフ》 羊	der Wolf《ヴォルフ》 オオカミ
		変音しない場合	変音する場合
	1格	die Schafe《シャーフェ》	die Wölfe《ヴェルフェ》
複数	3格	den Schafe**n**《シャーフェン》	den Wölfe**n**《ヴェルフェン》
	4格	die Schafe《シャーフェ》	die Wölfe《ヴェルフェ》

《-er が付くタイプ》　語尾に -er が付きます．変音する場合も多いです．

単数	1格	das Kind《キント》　子供	der Gott《ゴット》　神
		変音しない場合	変音する場合
複数	1格	die　Kinder《キンダー》	die　Götter《ゲッター》
	3格	den　Kinder**n**《キンデルン》	den　Götter**n**《ゲッテルン》
	4格	die　Kinder《キンダー》	die　Götter《ゲッター》

《-(e)n が付くタイプ》　語尾に -n か，あるいは -en が付きます．変音はしません．

単数	1格	die Blume《ブルーメ》　花	der Student《シュトゥデント》　学生
		-n がつく場合	-en がつく場合
複数	1格	die　Blumen《ブルーメン》	die　Studenten《シュトゥデンテン》
	3格	den　Blumen《ブルーメン》	den　Studenten《シュトゥデンテン》
	4格	die　Blumen《ブルーメン》	die　Studenten《シュトゥデンテン》

ポイント ▶ 1　複数形になると《-(e)n が付くタイプ》以外は変音する場合があります．

ポイント▶ 2　《-(e)n が付くタイプ》以外は，複数 3 格でさらに -n を付け加えます．上の表からその部分だけ抜き出してみると次のようになります．

複数 3 格	den Onkel	+ n	⇨	den Onkeln
	den Väter	+ n	⇨	den Vätern
	den Schafe	+ n	⇨	den Schafen
	den Wölfe	+ n	⇨	den Wölfen
	den Kinder	+ n	⇨	den Kindern
	den Götter	+ n	⇨	den Göttern

8 「君の名は？」 —所有代名詞—

「あなたのお名前は？　——　私の名前は」

こんなやり取りは，新しい出会いの場面やいろいろな窓口で日常的に聞かれますし，語学の初心者が最初に学ぶダイアローグの 1 つでもあります．この時，「あなたの」や「私の」に当たる語を所有代名詞といい，名詞に付けて用います．

代表的な所有代名詞

mein《マイン》	私の	+ 名 詞
Ihr《イーア》	あなたの	
Ihr《イーア》	あなた方の	

ポイント▶ 1　所有代名詞は名詞に付けて使います．

ポイント▶ 2 Ihr は頭文字を常に大文字で表し，左下の表のように単数も複数も同じ形になります．

所有代名詞も，名詞の性別に従って次のように格変化します．

男性名詞	私のお父さん	あなた(方)のお父さん
1格	mein《マイン》 Vater《ファーター》	Ihr《イーア》 Vater《ファーター》
3格	meinem《マイネム》 Vater《ファーター》	Ihrem《イーレム》 Vater《ファーター》
4格	meinen《マイネン》 Vater《ファーター》	Ihren《イーレン》 Vater《ファーター》
女性名詞	**私のお母さん**	**あなた(方)のお母さん**
1格	meine《マイネ》 Mutter《ムッター》	Ihre《イーレ》 Mutter《ムッター》
3格	meiner《マイナー》 Mutter《ムッター》	Ihrer《イーラー》 Mutter《ムッター》
4格	meine《マイネ》 Mutter《ムッター》	Ihre《イーレ》 Mutter《ムッター》
中性名詞	**私の本**	**あなた(方)の本**
1格	mein《マイン》 Buch《ブーフ》	Ihr《イーア》 Buch《ブーフ》
3格	meinem《マイネム》 Buch《ブーフ》	Ihrem《イーレム》 Buch《ブーフ》
4格	mein《マイン》 Buch《ブーフ》	Ihr《イーア》 Buch《ブーフ》

所有代名詞が　名詞・複数形　に付けられる場合，その格変化は名詞の性別にかかわりなく

-e（1格），**-en**（3格），**-e**（4格）となります．

単数	1格	mein《マイン》 Kind《キント》
		私の子供

⇩

複数		私の子供達
	1格	meine《マイネ》 Kinder《キンダー》
	3格	meinen《マイネン》 Kindern《キンデルン》
	4格	meine《マイネ》 Kinder《キンダー》

9 ぼくがぼくにぼくを…どうした！？

—人称代名詞の格変化—

文法の1では人称代名詞 ich や Sie などを扱いましたが，それらはすべて1格の形です．実は，この人称代名詞も格変化します．人称代名詞がどの格で用いられるかは，それぞれの文内での役割によって決まります．次の表のように1格，2格，3格，4格があります．ただし人称代名詞の2格はほとんど使われることがないので省略します．

		1人称	2人称(親称)	3人称			2人称(敬称)
				男性	女性	中性	
単数	1格	ich	du	er	sie	es	Sie
	3格	mir《ミーア》	dir《ディーア》	ihm《イーム》	ihr《イーア》	ihm《イーム》	Ihnen《イーネン》
	4格	mich《ミヒ》	dich《ディヒ》	ihn《イーン》	sie	es	Sie

		1人称	2人称(親称)	3人称	2人称(敬称)
複数	1格	wir《ヴィーア》	ihr	sie	Sie
	3格	uns《ウンス》	euch《オイヒ》	ihnen	Ihnen
	4格	uns	euch	sie	Sie

ポイント▶ 1

3人称の複数形は性による区別をせず，1格 sie；3格 ihnen；4格 sie となります．

ポイント▶ 2

同じ，あるいは似た形のものが多い点に注目して下さい．特に3人称単数形の女性3格と2人称複数形1格の ihr は混同しないよう注意が必要です．ただし2人称複数形の ihr は最初はあまり使う機会がないように思われます．

Geben Sie ihr ein Buch? 彼女に本を1冊あげますか？

Ihr kommt aus Japan. 君たちは日本から来た．

人称代名詞と所有代名詞の基本的な使い方について学びましょう.

§ 人称代名詞

人称代名詞は，以下の例文のように前出の名詞を受けます.

A： Eine Frau steht da drüben.　向こう側にひとりの女性が立っている.

Eine Frau：1格 女性名詞　ひとりの女性が

⇩

B：Ich kenne sie.　ぼくは彼女を知っている.

sie：4格 人称代名詞　彼女を

ポイント ▶ 3人称単数形の人称代名詞は，人物を表す名詞以外でも基本的にはその名詞の性を受けます．下の例では，der Wagen が er で受けられています.

A：Wem gehört der Wagen?　その車はだれのものですか？

der Wagen：1格 男性名詞　その車は

⇩

B： Er gehört mir.　それは私のものです.

Er：1格 人称代名詞　それは

上の例文で使われている動詞は次の表を参考にして下さい.

定動詞		不定詞	意味
steht《シュテート》	⊂	stehen《シュテーエン》	立っている
gehört《ゲヘーアト》	⊂	gehören《ゲヘーレン》	(～の)ものである

gehören は《3格の人物》と結び付き，次のように使います．

＋ mir	私のものである
＋ Ihnen	あなた(方)のものである
wem《ヴェーム》（wer《ヴェーア》の３格）＋	だれのものなの？

§ 所有代名詞

所有代名詞の基本的な使い方は，名詞にかぶせる用法です．名詞の性別に従って変化させることがポイントです．

Mein Vater 1格 男性名詞 私の父が	ist da drüben.	私の父が向こう側にいます.

Können Sie	meinem Vater ３格 私の父に	helfen?	私の父に手を貸して下さいませんか？

Er kennt meinen Vater . 彼は私の父を知っている.

4格

私の父を

従って，男性名詞に付けられた所有代名詞は次のように格変化します.

1格		3格		4格
mein Vater	⇨	meinem Vater	⇨	meinen Vater

もちろん，この《所有代名詞 + 名詞》は，《人称代名詞》で置きかえることができますが，いずれにしても格変化することをお忘れなく！
例えば上の1格と3格で，「私の父」を「彼」で置きかえてみると次のようになります.

1格	mein Vater	⇨	er	⇨	**Er** ist da drüben. 彼が向こう側にいます.
3格	meinem Vater	⇨	ihm	⇨	Können Sie **ihm** helfen? 彼に手を貸して下さいませんか？

10 ちょっと変(！)な動詞 ―現在人称変化Ⅱ―

動詞の規則的な変化や，よく使われる不規則動詞の sein と haben については，文法の2ですでに述べました．ここでは，不規則とは言っても幹母音が2人称（親称）と3人称の単数で変わる程度の，“ちょっと変な” 動詞が話題となります．次の3つのパターン（a ⇨ ä / e ⇨ i / e ⇨ ie）があります.

	a ⇨ ä	e ⇨ i	e ⇨ ie
不定詞	fahren《ファーレン》 乗り物で行く	geben《ゲーベン》 与える	sehen《ゼーエン》 見る
ich	fahre《ファーレ》	gebe《ゲーベ》	sehe《ゼーエ》
du	f**ä**hrst《フェーアスト》	g**i**bst《ギープスト》	s**ie**hst《ズィースト》
er/sie/es	f**ä**hrt《フェーアト》	g**i**bt《ギープト》	s**ie**ht《ズィート》
wir	fahren《ファーレン》	geben《ゲーベン》	sehen《ゼーエン》
ihr	fahrt《ファールト》	gebt《ゲープト》	seht《ゼート》
sie	fahren《ファーレン》	geben《ゲーベン》	sehen《ゼーエン》
Sie	fahren《ファーレン》	geben《ゲーベン》	sehen《ゼーエン》

本文で用いられた動詞，helfen（⇨会話 10）も gefallen（⇨会話 17）も変音する動詞に含まれます．

不定詞	helfen《ヘルフェン》	gefallen《ゲファレン》
変音のタイプ	e ⇨ i	a ⇨ ä
du	h**i**lfst《ヒルフスト》	gef**ä**llst《ゲフェルスト》
er/sie/es	h**i**lft《ヒルフト》	gef**ä**llt《ゲフェルト》

ポイント ▶　2人称単数形を用いる機会は，親しくなった時や子供に話しかけたりする時など，限定されています．従って，ある程度ドイツ語に慣れ親しむまでは無視してもかまいません．さし当たり，3人称単数形で変音する場合に注意しましょう．

11 あなたと一緒に！　—前置詞—

前置詞とは，名詞や代名詞の前に置かれ，時間的な関係を表したり，あるいは位置を示したりするものです．ちょっと複雑なのは，後に置かれる名詞の格が前置詞ごとに決まっている点です．例えば mit（英語の *with* に当たる）は3格の代名詞や名詞と結合し，次のように使います．

前置詞 mit《ミット》	⇨	意味	～と一緒に ～で（手段，道具）	⇨	何格と結合するの？	⇨	3格

	1格	3格	4格		
あなたと一緒に	Sie	Ihnen	Sie	⇨ 3格だよ!! ⇨	mit《ミット》 Ihnen《イーネン》
彼と一緒に ⇨	er	ihm	ihn	⇨ 3格だよ!! ⇨	mit《ミット》 ihm《イーム》
私と一緒に	ich	mir	mich	⇨ 3格だよ!! ⇨	mit《ミット》 mir《ミーア》

名詞の場合も同じです．どの性別の名詞であれ前置詞 mit の次に来るのは 3 格です．それは主に冠詞によって表示されます．

	男性名詞 Zug《ツーク》 列車	中性名詞 Auto《アオト》 自動車	女性名詞 Schere《シェーレ》 はさみ
1格	der Zug	das Auto	die Schere
3格	dem Zug	dem Auto	der Schere
4格	den Zug	das Auto	die Schere
	⇩	⇩	⇩
	mit《ミット》 dem《デム》 Zug《ツーク》 列車で	mit《ミット》 dem《デム》 Auto《アオト》 自動車で	mit《ミット》 der《デア》 Schere《シェーレ》 はさみで

不定冠詞付きの名詞や所有代名詞付きの名詞の場合も考え方は同じです．mit の例で見てみましょう．

男性名詞　Schlüssel《シュリュッセル》

鍵

中性名詞　Buch《ブーフ》

本

1格	ein Schlüssel	ein Buch
3格	einem Schlüssel	einem Buch
4格	einen Schlüssel	ein Buch

⇩　　⇩

mit《ミット》 einem《アイネム》 Schlüssel《シュリュッセル》

ひとつの鍵で

mit《ミット》 einem《アイネム》 Buch《ブーフ》

本を1冊たずさえて

1格	mein Schlüssel	mein Buch
3格	meinem Schlüssel	meinem Buch
4格	meinen Schlüssel	mein Buch

⇩　　⇩

mit《ミット》 meinem《マイネム》 Schlüssel《シュリュッセル》

私の鍵で

mit《ミット》 meinem《マイネム》 Buch《ブーフ》

私の本をたずさえて

このように前置詞が何格をとるかによって，名詞にかぶせられる冠詞類も形がおのずと決定するわけです.

ポイント ▶ 前置詞も格を要求します．
主に３格をとる前置詞，４格をとる前置詞，３格または４格をとる前置詞があります．

§ ３格をとる前置詞：mit［ミット］，nach［ナーハ］（～へ），aus［アオス］（～から），zu［ツー］（～へ），von［フォン］（～から／の）など．

nach《ナーハ》 Japan《ヤーパン》　日本へ

aus《アオス》 dem《デム》 Zimmer《ツィンマー》　部屋（の中）から

§ ４格をとる前置詞：bis［ビス］（～まで），durch［ドゥルヒ］（～を通って），um［ウム］（～の周りを）など．

bis《ビス》 Bonn《ボン》　ボンまで

durch《ドゥルヒ》 den《デン》 Park《パルク》　公園を通って

um《ウム》 das《ダス》 Haus《ハオス》　家の周りを

§ ３格または４格をとる前置詞：

an［アン］（～のきわに／きわへ）
auf［アオフ］（～の上に／上へ）
hinter［ヒンター］（～の後ろに／後ろへ）
in［イン］（～の中に／中へ）
neben［ネーベン］（～の隣りに／隣りへ）
über［ユーバー］（～の上方に／上方へ）
unter［ウンター］（～の下に／下へ）
vor［フォーア］（～の前に／前へ）
zwischen［ツヴィッシェン］（～の間に／間へ）など

次の意味の違いによって３格になるか，４格になるかが決定します．

静止の状態の場合 ⇨ ３格	～に（で）	wo	（どこに）に対応
運動の方向の場合 ⇨ ４格	～へ	wohin	（どこへ）に対応

《前置詞の in の場合》

Wo《ヴォー》 sind《ズィント》 Sie?《ズィー》

どこにいるの？

⇩

3 格

Ich《イヒ》 bin《ビン》 in《イン》 dem《デム》 Park.《パルク》

私は公園にいます.

Wohin《ヴォーヒン》 gehen《ゲーエン》 Sie?《ズィー》

どこへ行くの？

⇩

4 格

Ich《イヒ》 gehe《ゲーエ》 in《イン》 den《デン》 Park.《パルク》

私は公園へ行きます.

§ 前置詞と定冠詞の結合

前置詞の中には，定冠詞と結合して1語で用いるものもあります.

an dem ⇨ am［アム］
an das ⇨ ans［アンス］
zu dem ⇨ zum［ツム］
zu der ⇨ zur［ツーア］
in dem ⇨ im［イム］
in das ⇨ ins［インス］
von dem ⇨ vom［フォム］

12 できる？— できる！ —助動詞—

「〜することができる」「〜しなければならない」など，本来の動詞に色彩を添えるために用いるものに助動詞があります．全部で6つありますが，ここでは dürfen，können，müssen の3つについて変化（現在形）を見てみましょう.

助動詞	dürfen《デュルフェン》	können《ケンネン》	müssen《ミュッセン》
意味	～してもよい	～することができる	～しなければならない
ich	darf《ダルフ》	kann《カン》	muss《ムス》
du	darfst《ダルフスト》	kannst《カンスト》	musst《ムスト》
er/sie/es	darf《ダルフ》	kann《カン》	muss《ムス》
wir	dürfen《デュルフェン》	können《ケンネン》	müssen《ミュッセン》
ihr	dürft《デュルフト》	könnt《ケント》	müsst《ミュスト》
sie	dürfen《デュルフェン》	können《ケンネン》	müssen《ミュッセン》
Sie	dürfen《デュルフェン》	können《ケンネン》	müssen《ミュッセン》

ポイント 1 ▶ 1人称単数と3人称単数が同じ形になります.

ポイント 2 ▶ 1人称複数と3人称複数および敬称のSieが同じ形になります.

ポイント 3 ▶ 本動詞(不定詞)は文末におきます(⇨会話10).

ポイント 1

Ich	kann	Englisch《エングリッシュ》	sprechen《シュプレッヒェン》.	私は英語を話すことができます.
Er	kann	Englisch	sprechen.	彼は英語を話すことができます.

ポイント 3

ポイント 2

Wir	können	Englisch	sprechen.	私たちは英語を話すことができます.
Sie	können	Englisch	sprechen.	彼らは英語を話すことができます.
	Können	Sie Englisch	sprechen?	あなた(方)は英語を話すことができますか?

ポイント 3

§ mögen［メーゲン］（⇨会話 13）は，もともとは「～かもしれない」という意味の助動詞ですが，接続法（英語でいう仮定法）によって変化した形で慣用的に使われます.「～したい」の意味になります.

ich	möchte《メヒテ》	＋ 本動詞	ぼくは〜したい
du	möchtest《メヒテスト》	＋ 本動詞	君は〜したい
er / sie / es	möchte《メヒテ》	＋ 本動詞	彼 / 彼女 / それは〜したい
wir	möchten《メヒテン》	＋ 本動詞	ぼくらは〜したい
ihr	möchtet《メヒテット》	＋ 本動詞	君らは〜したい
sie	möchten《メヒテン》	＋ 本動詞	彼ら / 彼女ら / それらは〜したい
Sie	möchten《メヒテン》	＋ 本動詞	あなた(方)は〜したい

13 黒パンはブラックコーヒーで！　—形容詞—

形容詞には主に次の2つの使い方があります．

1 **《述語的用法》：**

sein［ザイン］「〜である」などとともに，基本の形のままで使われます．下の例文で使われている schwarz［シュヴァルツ］という語は，「黒い」という意味の形容詞です．

Der《デア》 Kaffee《カフェー》 ist《イスト》 schwarz《シュヴァルツ》.　　コーヒーはブラックです．

2 **《付加語的用法》：**

名詞を直接修飾します．その時，「冠詞が付かない場合」，「定冠詞が付く場合」，「不定冠詞が付く場合」と，3つのパターンに従って格変化します．

§ 冠詞が付かない場合

schwarz をいろいろな名詞に付けて変化させてみましょう.

名詞	男性名詞	女性名詞
	ブラックコーヒー	黒いインク
1格	schwarz**er**《シュヴァルツァー》 Kaffee《カフェー》	schwarz**e**《シュヴァルツェ》 Tinte《ティンテ》
3格	schwarz**em**《シュヴァルツェム》 Kaffee《カフェー》	schwarz**er**《シュヴァルツァー》 Tinte《ティンテ》
4格	schwarz**en**《シュヴァルツェン》 Kaffee《カフェー》	schwarz**e**《シュヴァルツェ》 Tinte《ティンテ》

名詞	中性名詞	名詞複数（単数：中性名詞 Auge）
	黒パン	黒い目（まなこ）
1格	schwarz**es**《シュヴァルツェス》 Brot《ブロート》	schwarz**e**《シュヴァルツェ》 Augen《アオゲン》
3格	schwarz**em**《シュヴァルツェム》 Brot《ブロート》	schwarz**en**《シュヴァルツェン》 Augen《アオゲン》
4格	schwarz**es**《シュヴァルツェス》 Brot《ブロート》	schwarz**e**《シュヴァルツェ》 Augen《アオゲン》

Ich《イヒ》 trinke《トリンケ》 gern《ゲルン》 schwarz**en**《シュヴァルツェン》 Kaffee《カフェー》.　ブラックコーヒーが好きだ.

Ich《イヒ》 schreibe《シュライベ》 mit《ミット》 schwarz**er**《シュヴァルツァー》 Tinte《ティンテ》.　黒いインクで書く.
＊schreiben　書く

Schwarz**e**《シュヴァルツェ》 Augen《アオゲン》 sind《ズィント》 schön《シェーン》.　黒い目(まなこ)はきれいだ.
＊schön　美しい

§ 定冠詞が付く場合

名詞	男性名詞	女性名詞
	(その)黒い犬	(その)黒ネコ
1格	der《デア》 schwarz**e**《シュヴァルツェ》 Hund《フント》	die《ディ》 schwarz**e**《シュヴァルツェ》 Katze《カッツェ》
3格	dem《デム》 schwarz**en**《シュヴァルツェン》 Hund《フント》	der《デア》 schwarz**en**《シュヴァルツェン》 Katze《カッツェ》
4格	den《デン》 schwarz**en**《シュヴァルツェン》 Hund《フント》	die《ディ》 schwarz**e**《シュヴァルツェ》 Katze《カッツェ》

名詞	中性名詞	名詞複数(単数:女性名詞 Ameise)
	(その)黒ブタ	(その)黒アリ達
1格	das《ダス》 schwarz**e**《シュヴァルツェ》 Schwein《シュヴァイン》	die《ディ》 schwarz**en**《シュヴァルツェン》 Ameisen《アーマイゼン》
3格	dem《デム》 schwarz**en**《シュヴァルツェン》 Schwein《シュヴァイン》	den《デン》 schwarz**en**《シュヴァルツェン》 Ameisen《アーマイゼン》
4格	das《ダス》 schwarz**e**《シュヴァルツェ》 Schwein《シュヴァイン》	die《ディ》 schwarz**en**《シュヴァルツェン》 Ameisen《アーマイゼン》

Der《デア》 schwarze《シュヴァルツェ》 Hund《フント》 gehört《ゲヘーアト》 mir《ミーア》.　その黒い犬は私のものだ.

§ 不定冠詞が付く場合

名詞	男性名詞	女性名詞	中性名詞
	ひとつの黒い帽子	1着の黒いズボン	1着の黒いワンピース
1格	ein《アイン》 schwarz**er**《シュヴァルツァー》 Hut《フート》	eine《アイネ》 schwarz**e**《シュヴァルツェ》 Hose《ホーゼ》	ein《アイン》 schwarz**es**《シュヴァルツェス》 Kleid《クライト》
3格	einem《アイネム》 schwarz**en**《シュヴァルツェン》 Hut《フート》	einer《アイナー》 schwarz**en**《シュヴァルツェン》 Hose《ホーゼ》	einem《アイネム》 schwarz**en**《シュヴァルツェン》 Kleid《クライト》
4格	einen《アイネン》 schwarz**en**《シュヴァルツェン》 Hut《フート》	eine《アイネ》 schwarz**e**《シュヴァルツェ》 Hose《ホーゼ》	ein《アイン》 schwarz**es**《シュヴァルツェス》 Kleid《クライト》

不定冠詞には複数形がないので，
複数形は無冠詞にする.

単数	eine《アイネ》 schwarz**e**《シュヴァルツェ》 Socke《ゾッケ》 ひとつの（片方の）黒いソックス

⇨

複数	1格	schwarz**e**《シュヴァルツェ》 Socken《ゾッケン》
	3格	schwarz**en**《シュヴァルツェン》 Socken《ゾッケン》
	4格	schwarz**e**《シュヴァルツェ》 Socken《ゾッケン》

ところで，この格変化表の不定冠詞の部分は所有代名詞に替えることもできます．例えば「**ひとつの**黒い帽子」を「**私の**黒い帽子」にしてみると次のようになります．また所有代名詞を使った場合の複数形は，形容詞が《定冠詞が付く場合》の変化と同じになります．

	私の黒い帽子	私の黒い帽子（複数）
1格	mein《マイン》 schwarz**er**《シュヴァルツァー》 Hut《フート》	meine《マイネ》 schwarz**en**《シュヴァルツェン》 Hüte《ヒューテ》
3格	meinem《マイネム》 schwarz**en**《シュヴァルツェン》 Hut《フート》	meinen《マイネン》 schwarz**en**《シュヴァルツェン》 Hüten《ヒューテン》
4格	meinen《マイネン》 schwarz**en**《シュヴァルツェン》 Hut《フート》	meine《マイネ》 schwarz**en**《シュヴァルツェン》 Hüte《ヒューテ》

14 まだ，アレコレあります！

—指示代名詞，疑問代名詞，疑問副詞—

文法編2

§ **指示代名詞** （⇨会話 17）

指示代名詞は，人称代名詞の代わりに「あれ，これ」などと言ったりする場合に使われます．特に中性の das は性，数とは無関係に使うこともでき，いろいろな場面で助っ人となる重宝な存在です．

名詞	男性	女性	中性	複数形	
1格	der《デーア》	die《ディー》	das《ダス》	die《ディー》	
3格	dem《デーム》	der《デーア》	dem《デーム》	denen《デーネン》	⇦ ここに注意！
4格	den《デーン》	die《ディー》	das《ダス》	die《ディー》	

ポイント▶ 1　複数形の 3 格 denen 以外は定冠詞の格変化と同じです.

ポイント▶ 2　定冠詞よりも強めに発音します.

§ 疑問代名詞

だれが，だれに，だれを………どうしたのでしょう？!

これもやはり格変化します.

1格	wer《ヴェーア》	だれが
3格	wem《ヴェーム》	だれに
4格	wen《ヴェーン》	だれを

なにが，なにを………どうしたのでしょう？!

1格	was《ヴァス》	なにが
4格	was《ヴァス》	なにを

§ 疑問副詞

会話の 1 や会話の 7 では，wo，wohin，woher，wie が使われましたが，ほかにも次のような疑問副詞があります.

wann《ヴァン》	いつ
warum《ヴァルム》	なぜ

Wir《ヴィーア》 fahren《ファーレン》 nach《ナーハ》 Deutschland《ドイチュラント》!

私たちはドイツへ行きます！

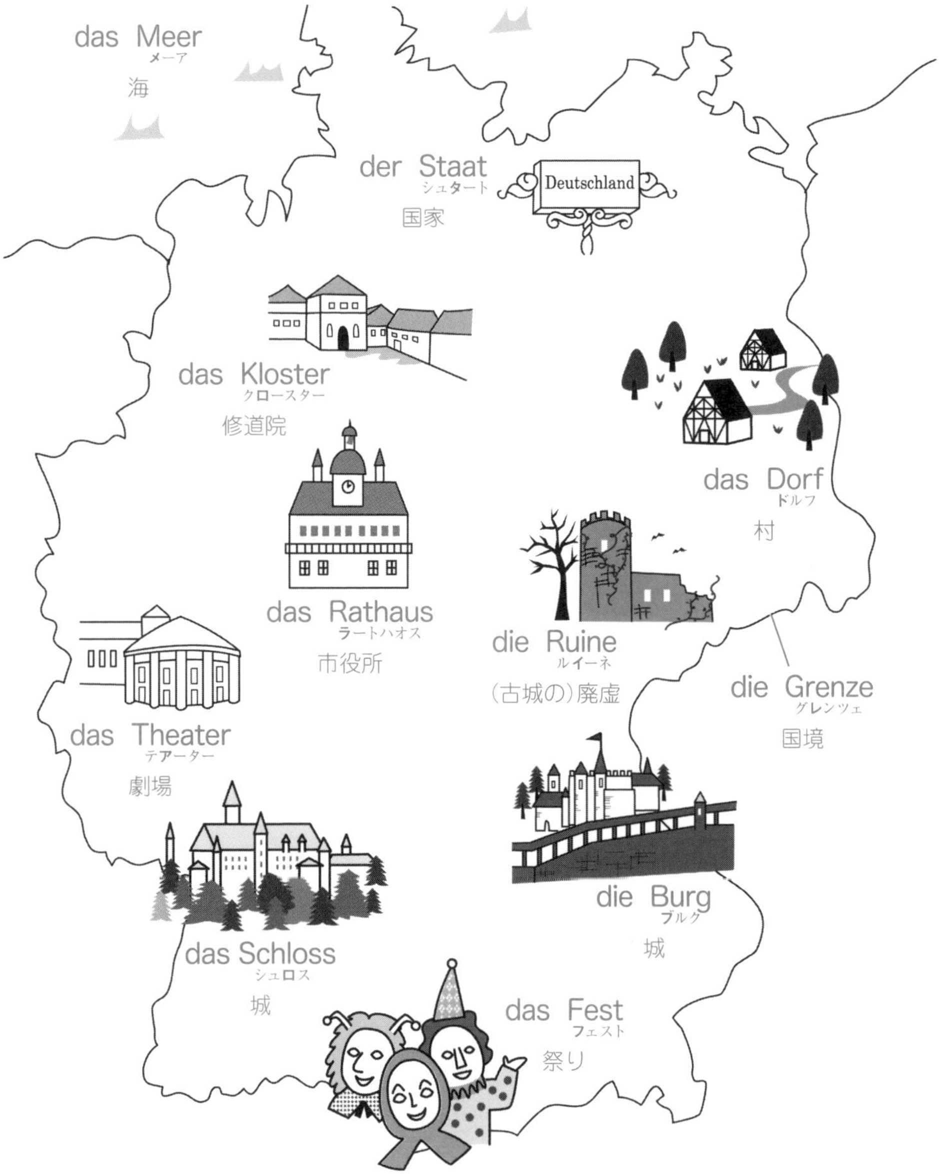

ヴィジュアルドイツ語
—2—

Track 84

Hier《ヒーア》 nehme《ネーメ》 ich《イヒ》 ein《アイン》 Taxi《タクスィ》!

ここでタクシーに乗ります！

ヴィジュアル
ドイツ語
—3—

Track
85

Das《ダス》 ist《イスト》 meine《マイネ》 Familie《ファミーリエ》!

これは私の家族です！

ヴィジュアルドイツ語
— 4 —

Track 86

Guten《グーテン》 Appetit《アペティート》!

さあ，召し上がれ！

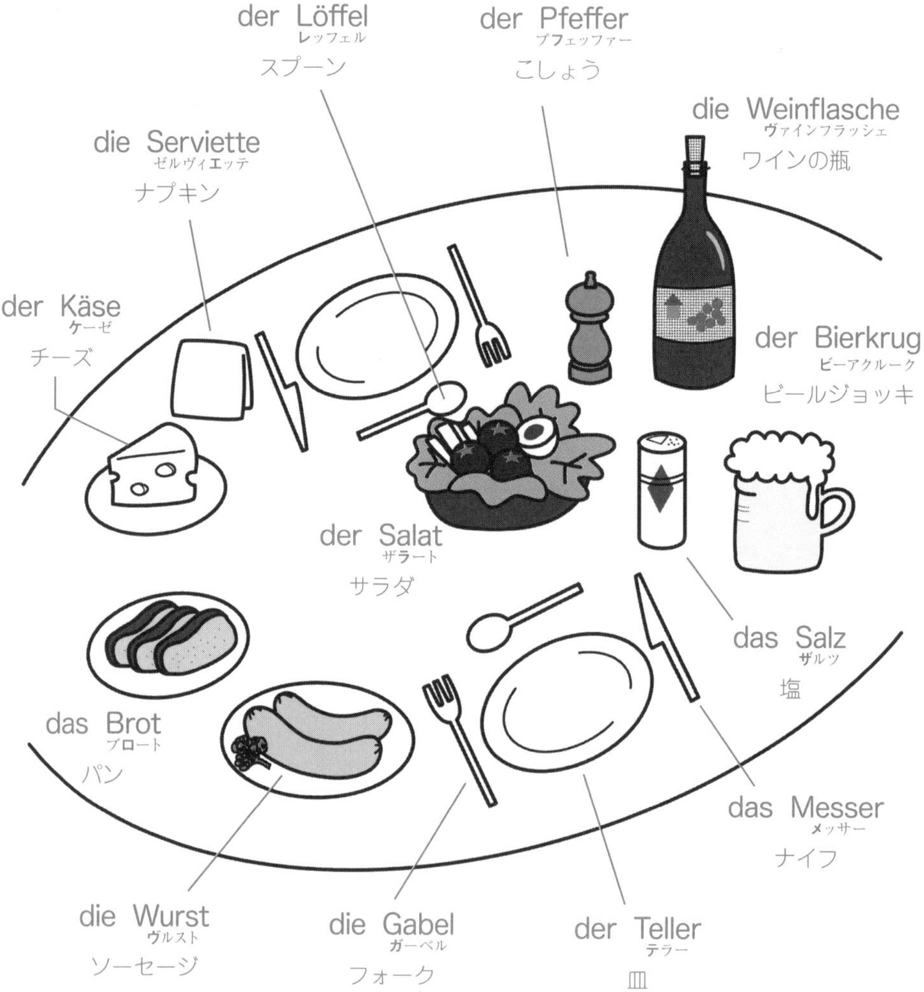

Hier《ヒーア》 ist《イスト》 mein《マイン》 Zimmer《ツィッマー》!

ここが私の部屋です！

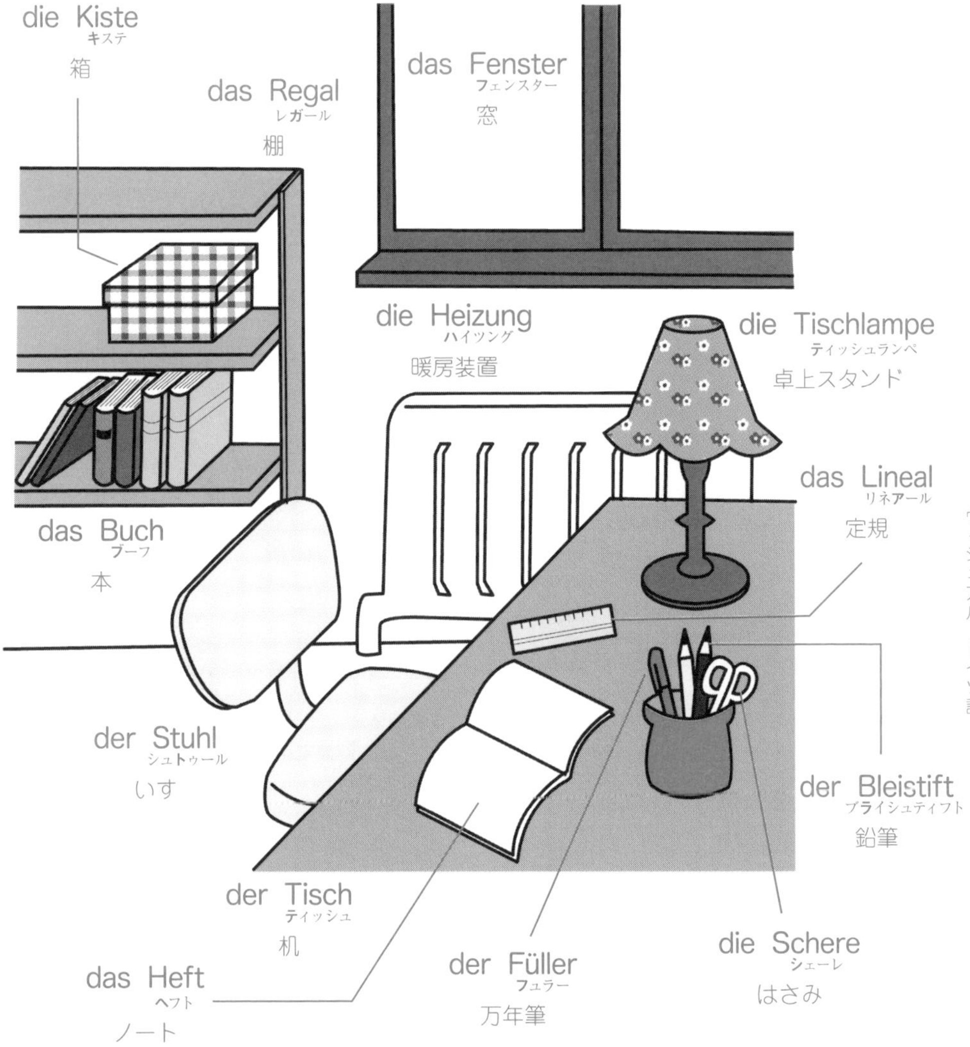

Kaffee《カフェー》 oder《オーダー》 Tee《テー》?

コーヒーにしますか，それともお茶にしますか？

Was《ヴァス》 machen《マッヘン》 wir《ヴィーア》 heute《ホイテ》?

今日は何をしましょうか？

ヴィジュアル
ドイツ語
―8―

Track
90

Bad《バート》 und《ウント》 Toilette《トアレッテ》

バスルームとトイレ

Ich《イヒ》 gehe《ゲーエ》 ins《インス》 Kino《キーノ》!

映画を観に行きます！

Was《ヴァス》 wünschen《ヴュンシェン》 Sie《ズィー》?

何を差し上げましょう？

品詞別 INDEX

細字の数字は初出のページを，太字は詳細な説明のあるページを指します．

名　詞

die	Fahrkarte [ファールカルテ]	切符	64
das	Fahrrad [ファールラート]	自転車	134
die	Familie [ファミーリエ]	家族	22
der	Februar [フェーブルアール]	2月	94
das	Fenster [フェンスター]	窓	137
das	Fest [フェスト]	祭り	133
der	Film [フィルム]	映画	83
der	Fisch [フィッシュ]	魚	142
das	Fleisch [フライシュ]	肉	142
der	Fluss [フルス]	川	141
	Frankreich [フランクライヒ]	フランス(国名)	29
das	Französisch [フランツェーズィッシュ]	フランス語	54
die	Frau [フラオ]	女性/～さん	9
der	Freitag [フライターク]	金曜日	21,22
der	Freund [フロイント]	(男性の)友達	140
die	Freundin [フロインディン]	(女性の)友達	138
das	Frühstück [フリューシュテュック]	朝食	88
der	Füller [フュラー]	万年筆	137
die	Gabel [ガーベル]	フォーク	136
das	Gebäude [ゲボイデ]	建物	99
der	Geburtstag [ゲブーアツターク]	誕生日	11
das	Geld [ゲルト]	金/貨幣	22
das	Gepäck [ゲペック]	(手)荷物	134
die	Gitarre [ギタレ]	ギター	34
der	Gott [ゴット]	神	2
	→Gottの複数：die Götter [ゲッター]		
die	Grenze [グレンツェ]	国境	133
die	Großmutter [グロースムッター]	祖母	135
der	Großvater [グロースファーター]	祖父	135
die	Gurke [グルケ]	キュウリ	142
	→Gurkeの複数：die Gurken [グルケン]		
das	Gute [グーテ]	良いこと	11
das	Handtuch [ハントトゥーフ]	手ぬぐい	140
	Hans [ハンス]	(人名・名)	36
das	Haus [ハオス]	家	20
das	Heft [ヘフト]	ノート	137
die	Heizung [ハイツング]	暖房装置	137
das	Hemd [ヘムト]	シャツ	77
der	Herr [ヘル]	紳士/～さん	9
der	Hirsch [ヒルシュ]	シカ	100
die	Hose [ホーゼ]	ズボン	77
das	Hotel [ホテル]	ホテル	10
der	Hund [フント]	犬	129
der	Hunger [フンガー]	空腹	23
der	Hut [フート]	(ふちのある)帽子	71
	→Hutの複数：die Hüte [ヒューテ]		
der	ICE [イーツェーエー] = Intercity Express		
die	Idee [イデー]	考え/思いつき	92
der	Igel [イーゲル]	ハリネズミ	135
der	Intercity Express [インタースィティー　エクスプレス]	インターシティー・エクスプレス	68
	Italien [イターリエン]	イタリア(国名)	60
das	Italienisch [イタリエーニッシュ]	イタリア語	54
die	Jacke [ヤッケ]	ジャケット	82
der	Januar [ヤヌアール]	1月	94
	Japan [ヤーパン]	日本(国名)	29
der	Japaner [ヤパーナー]	日本人	19
das	Japanisch [ヤパーニッシュ]	日本語	52
der	Juli [ユーリ]	7月	94
der	Juni [ユーニ]	6月	94
der	Kaffee [カフェー]	コーヒー	26
die	Kaffeekanne [カフェカネ]	コーヒーポット	138
die	Kaffeetasse [カフェタセ]	コーヒーカップ	138
die	Kälte [ケルテ]	寒さ	99
die	Kamera [カメラ]	カメラ	63
der	Kamm [カム]	くし	140
die	Kartoffel [カルトッフェル]	ジャガイモ	142
	→Kartoffelの複数：die Kartoffeln [カルトッフェルン]		
der	Käse [ケーゼ]	チーズ	136
die	Katze [カッツェ]	猫	83
der	Kellner [ケルナー]	ウエーター	44
die	Kerze [ケルツェ]	ろうそく	138

動詞/助動詞

その他

副 副詞	接 接続詞	数 数詞
間 間投詞	不 不定代名詞	前 前置詞
冠 冠詞	指 指示代名詞	人 人称代名詞
形 形容詞	所 所有代名詞	否冠 否定冠詞
否 否定詞	疑副 疑問副詞	疑代 疑問代名詞

jung［ユング］形　若い　19
kein［カイン］否冠　1つも～ない　78
ledig［レーディヒ］形　独身の　22
leider［ライダー］副　残念ながら　20
lieber［リーバー］副　むしろ　24
mein［マイン］所　私の　38,**112**
meine → mein
mich［ミヒ］人　(ich の 4 格)私を　**39**,**115**
mir［ミーア］人　(ich の 3 格)私に　11,**39**,**115**
mit［ミット］前　～と一緒に/～の付いた/～で　26,86,120
morgen［モルゲン］副　明日　20
na［ナ］間　(ja とともに)まあまあかな　80
nach［ナーハ］前　～へ　42,123
neben［ネーベン］前　～の隣りに/隣りへ　123
nein［ナイン］副　いいえ(否定の返答として)　5
nett［ネット］形　親切な　10
neu［ノイ］副　新しい　99
neun［ノイン］数　9　5
nicht［ニヒト］否　～ない　8
nicht mehr［ニヒト　メーア］もはや～ない　32
nichts［ニヒツ］不　何も～ない　6
noch［ノホ］副　まだ/さらに　18,33
nur［ヌーア］副　～だけ　20
oder［オーダー］接　あるいは　48
oh［オー］間　(驚きの表現)おお　74
preiswert［プライスヴェーアト］形　お買い得な/割安の　94
prosit［プローズィット］間　乾杯　28,29
prost［プロースト］間　乾杯　29
schlimm［シュリム］形　悪い　8
schön［シェーン］形　美しい/すてきな/けっこうな　6
schwarz［シュヴァルツ］形　黒い　127
sechs［ゼクス］数　6　5
sehr［ゼーア］副　とても　10
Sie［ズィー］人　あなたは(が)/あなた方は(が)　あなたを/あなた方を　7,**19**,**101**
sie［ズィー］人　彼女は(が)/を　彼ら，彼女ら，それらは(が)/を　39,**101**
sieben［ズィーベン］数　7　5
so［ゾー］副　さて/それなら/そのように　9,48
sofort［ゾフォルト］副　ただちに　48
sonst［ゾンスト］副　その他に　62
spät［シュペート］形　遅い　96
stark［シュタルク］形　強い　100
stets［シュテーツ］副　常に　100
teuer［トイアー］形　(値段が)高い　68
tschüs［チュ(ー)ス］間　じゃあ，またね　4
über［ユーバー］前　～の上方に/上方へ　123
und［ウント］接　そして/～と　64
uns［ウンス］人　私たちに/を　115
unter［ウンター］前　～の下に/下へ　123
viel［フィール］形　多くの　17
vier［フィーア］数　4　5
vom = von dem
von［フォン］前　～から/の　123
von Ihnen［フォン　イーネン］　あなたとしては(英 *of you*)　10
vor［フォーア］前　～の前に/の前へ　123
wann［ヴァン］疑副　いつ　64
warum［ヴァルム］疑副　なぜ　132
was［ヴァス］疑代　何が/何を　34,**132**
welche［ヴェルヒェ］疑代　どの～が/を　(＋女性名詞あるいは名詞複数形)　70
wem［ヴェーム］疑代　だれに　116
wen［ヴェーン］疑代　だれを　132
wer［ヴェーア］疑代　だれが　19
wie［ヴィー］疑副　どのように　7
wie viel［ヴィー　フィール］疑副＋形　どれくらい　96
willkommen［ヴィルコンメン］形　歓迎される　28
wir［ヴィーア］人　私たちは(が)　24,**101**
wo［ヴォー］疑副　どこに　16
woher［ヴォヘーア］疑副　どこから　40
wohin［ヴォーヒン］疑副　どこへ　42

著者略歴

大友展也（おおとも のぶや）

北海道札幌市生まれ。埼玉大学にて修士号取得後、1985 年渡独。1990 年、ドイツ・テュービンゲン大学で博士号取得。ドイツ・コンスタンツ大学研究プロジェクト助手を経て、現在、岩手大学人文社会科学部教授。
著　書　に、Interlinguale Interferrnzerscheinungen (Peter Lang　1990 年)、Kompetenzbezogene Interferenztheorie (iudicium　1991 年)、『「新着雑報」1650 年、世界最古の日刊新聞』（三元社　2004 年）、『新聞原典史料「アヴィーゾ」「レラツィオーン」ー新聞発達史上の午前 0 時についてー』（東北大学出版会　2014 年）、訳書に、『ドイツ新聞学事始』（三元社　2002 年）、『アウシュヴィッツでおきたこと』（角川学芸出版　2009 年）があり、その他『1609 年発行の「アヴィーゾ」紙に掲載された記事に関する ― 考察―史実はどの程度まで正確に報道されたのか ―』（欧米言語文化論集IV 43 - 76　2020 年）、『ホロコーストの語り部　マックス・マンハイマーが残したメッセージ　―　彼の死を悼み、その精神を引き継ぐこと　―』（欧米言語文化論集III　13 – 30　2018 年）など、ドイツにおける新聞発達史研究やホロコースト関連の論文がある。

新装版《しんそうばん》
ゼロから話《はな》せるドイツ語《ご》

2024 年 5 月 20 日　第 1 刷発行

著　者　大友展也
発行者　前田俊秀
発行所　株式会社三修社
〒 150-0001　東京都渋谷区神宮前 2-2-22
TEL 03-3405-4511　FAX 03-3405-4522
振替 00190-9-72758
https://www.sanshusha.co.jp
編集担当　菊池　暁

印刷製本　倉敷印刷株式会社

ISBN978-4-384-06090-4 C0084

音声制作　高速録音株式会社
カバーデザイン　山内宏一郎（SAIWAI design）
カバー写真　アフロ
本文イラスト　梶原由加利
DTP　WALK ON STUDIO

本書は『CD 付 ゼロから話せるドイツ語 改訂版』（2007 年 11 月刊行）の新装版です。